SOUVENIRS
DIPLOMATIQUES
DE
LORD HOLLAND.

Paris. — Imprimerie de Pommeret et Moreau, 17, quai des Augustins.

SOUVENIRS
DIPLOMATIQUES

DE

LORD HOLLAND

PUBLIÉS PAR SON FILS

LORD HENRI EDOUARD HOLLAND

TRADUITS DE L'ANGLAIS

Par H. de Chonski.

PARIS

JUST ROUVIER | **A. LEDOYEN**
RUE DU PAON, 8 | PALAIS-NATIONAL
École-de-Médecine. | Galerie-d'Orléans, 31.

1851

A
JÉROME BONAPARTE,

MARÉCHAL DE FRANCE,

GOUVERNEUR DES INVALIDES,

Seul frère vivant de l'Empereur Napoléon,

CE LIVRE

EST RESPECTUEUSEMENT DÉDIÉ

par son reconnaissant et obligé serviteur,

HOLLAND.

Holland House, 5 mai 1850.

PRÉFACE.

Les événements qui viennent de s'accomplir sur le continent ont déterminé l'éditeur à publier les pages qui suivent sur les hommes politiques étrangers à son pays. L'époque dont il est question dans ce volume a déjà acquis l'intérêt des siècles depuis longtemps écoulés; et le public lira avec plaisir, et peut-être avec profit, les observations que les événements, à mesure qu'ils s'accomplissaient, suggéraient à un contemporain, sinon tout à fait impartial, au moins, de l'aveu de tous ceux qui l'ont connu, aussi sincère que bienveillant.

L'éditeur s'est scrupuleusement abstenu

d'apporter le plus léger changement soit au texte, soit aux notes. La suppression de quatre phrases sans importance est la seule altération qu'il ait crue nécessaire en publiant sitôt un livre écrit sans doute avec la pensée qu'il ne verrait pas le jour de longtemps.

Paris, 10 septembre 1850.

CHAPITRE I.

La cour de France en 1791. — Mirabeau. — Ses talents. — Sa vanité. — Barnave. — D'André. — Le retour de Varennes. — Réunion importante à l'hôtel de Larochefoucault. — Caractère de Lafayette. — Caractère de Louis XVI. — Madame Campan et Marie-Antoinette. — Le duc d'Orléans. — Sa situation à la cour. — Son caractère. — Son retour de Londres. — Sa mort.

Un exposé rapide, quoique décousu, des caractères, des anecdotes ou des intrigues politiques que mes propres yeux ou mes relations m'ont fait connaître à l'étranger, peut n'être pas sans intérêt. Mais, comme il arrive rarement à un étranger, malgré la position la plus favorable et le jugement le plus sûr, de rapporter un fait accompli en Angleterre ou de peindre un personnage anglais sans commettre quelque grossière erreur, je me sens arrêté par la réflexion que je puis bien, moi aussi, me laisser tromper par des témoignages sans valeur et porter un jugement erroné sur les mœurs, les opinions et les événements du continent. Je ne puis garantir les anecdotes que je rapporte, autrement qu'en assurant le lecteur que je les crois vraies. Je les répète, telles que je les ai apprises et acceptées de la bouche de gens qui me paraissaient des autorités suffisantes ; et les portraits que je trace sont le résultat ou de mes propres impressions, ou des jugements portés par les hommes qui, à mes yeux, étaient les plus capables de se faire une opinion exacte de chacun.

J'arrivai à Paris peu de temps après la mort de Mirabeau et lorsque Louis XVI venait d'accepter la Constitution. Le projet conçu par Mirabeau de s'unir avec le parti de la cour, ou au moins d'arrêter l'esprit révolutionnaire, était plus que soupçonné avant sa mort. Mirabeau avait été continuellement en intrigue avec tous les partis et surtout avec Monsieur, depuis Louis XVIII, notamment dans l'affaire Favras. Le duc de Lévi avait servi d'intermédiaire entre Mirabeau et Monsieur dans cette affaire mystérieuse et peu honnête. Néanmoins, la sollicitude populaire pendant la maladie du grand orateur n'en fut pas diminuée, et on racontait des choses presque incroyables des soins pris par le peuple pour prévenir le moindre bruit dans la rue qu'il habitait.

Ces récits étaient répétés dans tous les cercles avec cette complaisance et cette admiration qui s'attachent infailliblement à Paris à toute démonstration dramatique de sympathie. Les boutiques et les quais étaient encombrés des portraits et des bustes de Mirabeau. Un étranger ne pouvait voir dans cette physionomie, à côté des traces visibles de la débauche, que la vanité, la présomption et l'artifice, qui entraient à un si haut degré dans le caractère de l'homme ; mais les Parisiens, encore étourdis de son éloquence et éblouis de ses merveilleux talents, s'arrêtaient dans la contemplation de cette grosse figure couverte de boutons et entourée de cheveux crépus, et jetaient sur elle des regards où le regret se mêlait à l'affection.

Mirabeau était certainement un homme extraordinaire. On a souvent dit que ses talents auraient suffi à arrêter ou à guider la révolution, mais cela peut faire question. On le croyait et il était probablement très-accessible à la corruption ; or, être exempts de ce vice fut précisément l'unique mérite qui donna à quelques hommes, et à Robespierre en particulier, une action décisive dans la période orageuse qui suivit. Mirabeau avait le talent ou au moins l'adresse et l'habileté de s'approprier à un degré extraordinaire les idées et les travaux d'autrui. Une personne, qui le connaissait intimement et qui a été quelque temps son secrétaire (1), m'a assuré que non seulement les rapports qu'il faisait, mais même les discours qu'il prononçait, avaient souvent été écrits par d'autres, et simplement lus

(1) Je veux parler de mon excellent ami Dumont; mais quoiqu'il fût véridique, et très-friand d'anecdotes, il était, de son propre aveu, très-peu observateur, et, comme je le sais par expérience, très-crédule.

par lui le matin. Quelquefois même il les parcourait, et se les appropriait tout en parlant, comme les gens de loi font des mémoires qu'ils ont entre les mains. On connaît du reste les emprisonnements et les disgrâces que lui avaient valus sa vie désordonnée et sa plume licencieuse. Le procès qu'il subit en Angleterre fut l'œuvre d'un domestique infidèle et insensé, qui s'avisa d'accuser faussement son maître de l'avoir volé. Il n'y eut rien de remarquable dans cette affaire, que le témoignage public et chaleureux, rendu par sir Gilbert Elliot et M. Burke lui-même, en faveur d'un homme qui devait exercer une influence si remarquable sur la révolution française, et dont les principes relâchés et la vie immorale devaient fournir un thème si fécond d'invectives contre cette même révolution.

La vanité de Mirabeau lui valut, dit-on, une réplique piquante. Au milieu d'une crise, il s'étendait, dans un cercle, sur les qualités nécessaires à un ministre pour tirer la royauté, l'assemblée et la nation d'une situation aussi remplie de difficultés. Ce ministre devait réunir de vastes connaissances, un grand talent, la familiarité et peut-être la communauté d'origine avec l'aristocratie, la communauté de sentiments avec les classes moyennes, le talent de parler et d'écrire avec force et facilité, la connaissance du monde, la popularité d'un martyr objet de récentes persécutions, et bien d'autres avantages, qu'il croyait évidemment n'être réunis qu'en sa personne.

« Cela est vrai, interrompit un ami, mais vous
« oubliez une condition.

« — Et laquelle? demanda-t-il.

« — Ne faut-il pas encore qu'il soit très-marqué
« de la petite-vérole? »

A ce mot sarcastique, qui ne reconnaît Talleyrand (1)?

Mirabeau n'était pas le seul révolutionnaire qu'on soupçonnât, en 1791, de s'être converti, ou, au moins, de s'être adouci vis-à-vis de la cour. Barnave, touché, disaient les royalistes, de la conduite du roi et de sa famille dans le retour de Varennes; révolté et alarmé, disaient les Fayettistes et les constitutionnels, par la grossièreté et les desseins sanguinaires des Jacobins; secrètement séduit,

(1) Quoique cette anecdote m'ait été racontée par bien des gens, et entre autres par M. Dumont, j'incline à mettre en doute son authenticité, car Talleyrand, à qui ce bon mot est attribué, se brouilla avec Mirabeau au sujet de la publication des lettres de Berlin, et ne lui adressa plus jamais la parole en particulier, sauf quelques jours avant la mort de Mirabeau, alors que celui-ci l'envoya chercher, lui exprima ses regrets de cette publication, et obtint de lui qu'il se chargerait de lire après sa mort un discours qu'il venait de composer sur un sujet en discussion au sein de l'Assemblée. De plus j'ai reconnu que mon excellent ami Dumont, quoique la véracité même, acceptait souvent avec trop de confiance les anecdotes qu'on lui racontait, et qu'il était sujet à des méprises sur les dates, les personnes et les circonstances. Cependant quand j'interrogeai Talleyrand à ce sujet, il ne rejeta pas tout à fait le bon mot : la bonté de l'épigramme en rendait peut-être la paternité tentante. Peut-être a-t-il dit cela de Mirabeau et non point parlant à lui. Le mot n'en serait pas moins joli, mais il n'aurait ni le même sel ni le même piquant.

murmuraient quelques gens, par l'ambition de gouverner les deux partis en France, prêta son puissant appui aux opinions les plus modérées, et contribua avec les Feuillants et les Fayettistes à empêcher l'établissement d'une république quand les événements semblaient justifier et recommander une telle mesure. A l'époque de la fuite du roi, cette idée doit s'être présentée à bien des gens. Elle fut arrêtée net au sein des Feuillants par quelques personnes, et plus particulièrement par d'André, négociant de Provence, qui, malgré un accent très-prononcé, était un fort habile orateur et un homme influent dans l'assemblée, et qui, successivement feuillant, fayettiste, constitutionnel et émigré, finit par devenir un agent des Bourbons, non sans être soupçonné d'avoir commencé beaucoup plus tôt à être secrètement en rapport avec eux. D'André interrompit et déconcerta complétement un nommé Ramond, qui, le jour même de la fuite du roi, entretenait les Feuillants de la nécessité d'une république. D'André, d'un air moitié plaisant, moitié sérieux, tira son couteau provençal, en disant qu'il s'en servirait contre quiconque proposerait sérieusement l'abolition de la monarchie (1).

Lafayette m'assura qu'à une réunion de ses amis,

---

(1) D'André vécut jusqu'à la Restauration, revint à Paris et ut récompensé par les Bourbons, sous la domination desquels il administra et améliora le bois de Boulogne avec infiniment de goût, de jugement et d'économie.

CHAPITRE I.

toutes les personnes présentes, excepté deux (1), étaient tombées d'accord qu'il fallait conserver la monarchie au moins pour un temps ; que la France n'était pas mûre pour une république ; et qu'un roi constitutionnel était encore nécessaire. Le duc de Larochefoucault, qui avait pris le premier la pa-

(1) Le duc de la Rochefoucault et Dupont de Nemours.
Lafayette, en causant avec moi de toute cette affaire, bien des années après, en janvier 1826, m'a assuré qu'il fut surpris de trouver, même parmi les révolutionnaires les plus violents, tant de gens disposés à accepter le maintien de la monarchie après l'arrestation du roi. Quelques-uns opinaient pour un changement de dynastie. Des extravagants parlaient du duc d'York, du duc de Brunswick et d'autres princes étrangers ; peut-être quelques-uns pensaient au duc d'Orléans sans en parler beaucoup ; mais l'idée d'une république était venue à un très-petit nombre de gens, et les républicains eux-mêmes regardaient la république comme impossible ou comme prématurée. Lafayette ajoutait que ce qui disposa bien des gens, et il se mettait de ce nombre, à accepter plus facilement le rétablissement de Louis XVI, ce furent les lettres écrites d'Angleterre par quelques personnes, particulièrement par la duchesse de Devonshire et M. Fox, lettres qui exprimaient de vives inquiétudes pour la sûreté personnelle du roi et de la reine. Ces lettres furent interprétées comme un avis émis par des spectateurs bienveillants, mais impartiaux, en faveur du maintien de la monarchie dans la personne de Louis XVI. Lafayette avouait qu'il avait appris plus tard, dans une conversation, qu'une de ces lettres au moins, celle de M. Fox, avait été dictée, non point par cette pensée, mais par la pure humanité et par un ardent désir que la cause de la Révolution ne fût souillée par aucune violence, par aucun acte cruel envers les membres de la famille royale. A d'autres points de vue, M. Fox doutait qu'il fût de bonne politique et même de bonne justice de laisser Louis XVI sur le trône. Je lui ai entendu dire que la prudence exigeait qu'on y mit comme condition de se séparer de la reine pendant quelques années.

role, avait demandé énergiquement la proclamation immédiate de la république. Quand il en eut été décidé autrement, il ne chercha jamais ni à se populariser, ni à se distinguer de ses amis, en faisant allusion à l'opinion qu'il avait émise. Au contraire, il fit tout son possible pour défendre la monarchie constitutionnelle et maintenir le roi à sa tête. La réunion dont je parle eut lieu après l'arrestation de Varennes et dans l'hôtel du duc de Larochefoucault.

Le duc de Larochefoucault avait raison. Etablir une monarchie, uniquement pour laisser mûrir la république, était chose aussi préjudiciable à la nation qu'injuste envers le monarque; et l'idée que Louis XVI pourrait devenir un roi constitutionnel disposé à affaiblir plutôt qu'à accroître son autorité, et cela après sa fuite, avec Marie-Antoinette pour femme et pour conseiller, était chimérique et puérile à l'extrême. Louis XVI avait justifié sa déposition par sa fuite. C'était imprudence de la part des constitutionnels et folie de la part des républicains, de ne pas exiger cette déposition. C'était par-dessus tout, comme l'événement l'a prouvé, de la pitié mal placée. Néanmoins, Lafayette et d'autres encore, par des motifs de générosité, répugnèrent à profiter d'un tel moment pour renverser la monarchie, et s'occupèrent activement à prévenir toute dureté, toute sévérité, toute insolence vis-à-vis du roi et de sa famille.

Je dînais souvent avec le général Lafayette. Il

tenait à peu près table ouverte pour les officiers de la garde nationale et les personnes zélées et ardentes pour la cause de la révolution. J'étais charmé de sa dignité exempte d'affectation et de la simplicité de ses manières, et j'étais flatté de la franchise avec laquelle il m'entretenait de ses propres idées et de la situation de son pays. Il condamnait hautement la brutalité de Pétion, dont on rapportait, dans le public, les réponses froides et blessantes à toutes les questions de la famille royale pendant le retour de Varennes.

Dans ses déclarations, et je pense au fond du cœur, Lafayette avait dans la sincérité du roi une confiance beaucoup plus grande que celle qu'autorisaient ou la prudence, ou le caractère de Louis XVI, ou la réalité, ainsi que les événements le montrèrent. Lafayette était alors comme toujours un homme du désintéressement le plus pur, rempli de sensibilité et de patriotisme, et nullement dépourvu de ces talents que la fermeté des convictions, le sentiment de l'honneur et la sincérité du zèle ne manquent jamais de développer dans les grandes occasions. Il était, il est vrai, sensible à la flatterie, peut-être un peu trop crédule, et trop disposé à prendre les formes, et, si je puis parler ainsi, la pédanterie de la liberté, pour la liberté elle-même; comme si les gens ne pouvaient jouir de quelque indépendance sans souscrire à certains principes abstraits, à certaines règles arbitraires; et comme si, d'un autre côté, la profession de ces principes et la stricte observance de ces règles n'étaient pas souvent compatibles avec une oppression réelle et avec la tyrannie.

Ces réflexions sur les faiblesses de Lafayette trouveraient moins leur application dans la période dont je parle qu'à d'autres époques de sa vie. Car à ce moment, malgré tout son amour pour la popularité, il sacrifiait sciemment celle qu'il avait acquise, pour arracher la cour à l'insulte et à l'outrage ; et, quoique républicain par principes, il faisait mille efforts pour conserver dans la nouvelle constitution l'existence et les prérogatives, trop étendues peut-être, de la royauté. Il flatta si bien ma jeune vanité ou gagna si bien mon affection pendant mon séjour à Paris, que je pris ses idées et devins pour un temps intimement convaincu du sincère attachement du roi pour la nouvelle constitution. Je me confirmai dans cette opinion en entendant le discours de Louis XVI à l'Assemblée législative, discours que le roi prononça d'une voix nette, mais émue, et avec une grande apparence de sincérité. Peut-être les termes expressifs dans lesquels Louis XVI reconnut qu'il avait approuvé et accepté la constitution donnèrent-ils une plus grande force à sa déclaration d'y demeurer fidèle. Il semblait n'éprouver aucune contrainte dans ses engagements pour l'avenir, quand il pouvait avouer si manifestement quelle avait été, dans le passé, sa répugnance à accepter la constitution. « Enfin je l'ai acceptée, et je la soutiendrai et dedans et dehors, » sont des mots qui résonnent encore à mon oreille, et qui, à cette époque, produisirent une impression profonde sur mon esprit, dont l'endurcissement n'était point encore à l'épreuve des paroles et des proclamations royales, faute d'avoir fait l'expérience de leur inanité. Louis XVI était à ce moment sinon l'instigateur, au moins l'aide et le conseiller du parti qui sollicitait les puissances étrangères (1) de renverser cette même constitution.

Louis XVI n'était pourtant ni un méchant homme, ni un sot, et certainement il n'était point cruel. Mais la sincérité n'est pas la vertu des princes élevés dans l'attente du pouvoir, et exposés aux dangers des discordes civiles. Louis XVI n'avait point hérité de cette vertu, et il ne l'acquit ni par l'éducation ni par la réflexion. Il voulait le bien du peuple qu'il se croyait destiné à gouverner. Mais il pensait atteindre plus sûrement ce bien en conservant tout entière plutôt qu'en abandonnant en partie l'autorité possédée par ses ancêtres. La vanité, plante indigène d'un pareil sol, et développée par le déluge de flatteries sans mesure dont

(1) Je dois, en toute justice, prévenir que Lafayette et quelques autres personnes mêlées aux affaires à cette époque, disculpent aujourd'hui encore Louis XVI de toute participation aux projets d'invasion ; que je n'ai point de renseignements particuliers sur ce point, et que mon opinion repose uniquement sur les documents historiques déjà publiés et accessibles à tous.

sont abreuvées sans cesse les personnes de son rang, venait enraciner cette idée dans l'esprit de Louis XVI (1), et le détournait de donner réellement sa confiance à ses ministres et à ses conseillers ostensibles. Cette vanité lui faisait croire aussi qu'il ne pouvait jamais devenir le jouet de secrètes machinations ou l'instrument des personnes qui l'entouraient, et qu'il jugeait fort inférieures à lui-même en intelligence et en talent. M. de Calonne m'a raconté que quand il se fut assuré que la reine et sa coterie étaient hostiles aux plans qu'il avait préparés, il se rendit près du roi, et déplora respectueusement et délicatement la désapprobation manifestée par la reine. Il pressa vivement le roi de condamner le projet sans délai, s'il n'était pas résolu à le soutenir jusqu'au bout, et à faire cesser toute opposition et tout dénigrement à la cour. Si, au contraire, le roi était résolu à persévérer, le mi-

---

(1) Je sais qu'en imputant ce défaut à Louis XVI, je contredis non seulement l'opinion commune et la tradition, mais le témoignage de bien des gens qui ont eu occasion d'étudier le caractère du roi. Mon opinion repose sur l'évidence des faits, sur le jugement et les récits de M. de Calonne, confirmés par quelques anecdotes que des émigrés et des hommes de la cour m'ont racontées sans penser à soutenir une thèse, et sur quelques détails des Mémoires de Bezenval et de madame Campan. Ces derniers mémoires, en les dépouillant de la retenue, pour ne pas dire l'hypocrisie, avec laquelle un tel point devait être touché par une femme attachée à la cour, convaincront le lecteur, une fois mis sur ses gardes, que Louis XVI, aux yeux de madame Campan, était d'un caractère suffisant et peu obligeant, et qu'il était même brutal et grossier dans ses manières.

nistre lui suggérait la convenance de faire connaître à la reine son désir sincère, sa volonté qu'il ne sortît de la bouche royale aucune parole de nature à faire douter de la bonté des mesures elles-mêmes, et surtout de la résolution prise par la cour de les adopter et de les soutenir. Louis XVI commença par rejeter bien loin l'idée que la reine, *une femme*, comme il disait, formât ou hasardât aucune opinion en politique. Mais quand M. de Calonne l'eut assuré que la reine avait parlé du projet en des termes de dénigrement et de censure, le roi sonna, fit venir la reine, et, après l'avoir vertement et même grossièrement grondée « pour se mêler de choses auxquelles les femmes n'ont rien à faire, » il la prit par les épaules, au grand ébahissement de Calonne, et la mit bel et bien à la porte comme un enfant indocile. Me voilà perdu, se dit Calonne à lui-même. Cela ne manqua pas d'arriver ; quelques jours après il était renvoyé et ses plans abandonnés.

Marie-Antoinette ne dut pas l'ascendant qu'elle exerçait sur Louis XVI à cette complexion ardente qui avait mis si souvent ses cousins d'Espagne sous la domination de leurs femmes. En réalité, quoique les calomnies dirigées contre la malheureuse reine aient été souvent d'une injustice atroce, il est peut-être heureux pour sa réputation que la nature d'un tel sujet suffise à expliquer le silence de madame Campan sur les causes de cette froideur du roi dont elle parle dans son livre. Si cette dame avait été affranchie de la réserve que son sexe imposait à ses récits, elle aurait trouvé difficile de concilier un sincère exposé des faits avec sa confiance avouée dans la vertu de Marie-Antoinette (1).

. . . .

Je ne fus pas présenté à la cour, je ne vis donc la reine qu'au théâtre ; elle était alors dans l'affliction, et sa figure se ressentait sans doute d'une longue souffrance et de l'irritation qui la dominait. Je ne puis croire néanmoins que l'expression habituelle de son visage, même en des temps plus

---

(1) La délicatesse et la discrétion de madame Campan ne sont pas seulement excusables, mais dignes d'éloges. La vérité pourtant en souffre, et les Mémoires de cette dame dissimulent des faits bien connus d'elle, mais qu'il n'aurait point été convenable à une femme de raconter. Elle était, en réalité, la confidente de Marie-Antoinette ; les amours de celle-ci ne furent ni nombreux, ni scandaleux, ni d'une nature dégradée, mais ce furent *des amours*. Madame Campan, qui a vécu assez pour voir la Restauration, n'était point là-dessus aussi mystérieuse dans la conversation que dans ses écrits. Elle a avoué à des personnes qui me l'ont confessé, qu'elle avait servi les relations du duc de Coigny avec la reine. Le duc, par timidité de caractère et froideur de tempérament, ne fut point fâché de renoncer de bonne heure à une intrigue aussi dangereuse. Madame Campan avouait encore un fait curieux, à savoir que Fersen était dans le boudoir ou la chambre à coucher de la reine, en *tête-à-tête* avec Sa Majesté, la fameuse nuit du 6 octobre. Il échappa à grand'peine au danger d'être découvert, grâce à un déguisement que madame Campan lui procura.

M. de Talleyrand, quoiqu'il lui répugnât en général de rapporter des anecdotes défavorables à la famille royale de France, m'a raconté deux fois ce dernier fait, en m'assurant qu'il le tenait de la bouche de madame Campan.

heureux, ait jamais été très-agréable. Sa beauté, qu'on a tant vantée, consistait exclusivement, à mon avis, en un beau teint, une taille élevée et un air imposant, que ses admirateurs appelaient de la dignité, et ses ennemis de la morgue et du dédain. Le défaut absolu de jugement et de mesure dont elle fit preuve contribua sans doute aux désastres de la famille royale, mais il n'y eut aucun membre de cette famille pour qui le public se montra si constamment dur et injuste, et son procès et sa mort furent au nombre des épisodes les plus révoltants de cette grande catastrophe. Elle était déjà privée de sentiment quand on la conduisit à l'échafaud; mais la persécution qu'elle avait eu à subir fut lâche, ignoble, cruelle et inhumaine au dernier degré.

En 1792, les princes du sang, à l'exception du duc d'Orléans, avaient quitté la France (1). J'avais connu un peu le duc d'Orléans en Angleterre, et quelques-uns de mes amis et de mes parents étaient en relation et même en alliance avec lui. Mais je le vis peu ou point à Paris, en 1791. Il m'avait sans doute perdu de vue, ou bien il fut peu disposé à faire politesse à un étranger qui fréquentait Lafayette, et vivait dans une société qui lui était particulièrement hostile. Je regrette de ne l'avoir pas vu davantage. Je crois qu'il n'est aucun homme de

(1) Le vieux prince de Conti était, je crois, en France, mais il y était, comme partout du reste, tellement nul, que ce n'est pas la peine d'en parler.

notre temps dont le caractère ait été plus calomnié, et qui risque d'être présenté à la postérité sous de plus fausses couleurs. J'aurais aimé à confirmer ou à corriger cette conviction que j'ai, par un plus grand nombre d'observations personnelles; mais l'occasion m'a manqué. Le duc d'Orléans était défiguré par des pustules, néanmoins son visage et son air étaient séduisants, et ses manières étaient parfaites. Sa supériorité sous ce rapport, aussi bien que ses grandes richesses, excitaient la jalousie de la cour. Sa popularité dans Paris, le *judicium Paridis*, suffiraient peut-être pour expliquer le premier éloignement de la reine pour lui; quoique des bruits scandaleux, et, j'en suis convaincu, très-mal fondés, missent l'autre hémistiche de Virgile, le *spretæ injuria formæ*, ou le dédain de ses avances, au nombre des causes de cette violente aversion qui marqua le langage et la conduite de la reine, longtemps avant qu'aucun démêlé politique pût justifier ou expliquer une haine si forte. On eut recours à mille ruses féminines pour blesser le duc d'Orléans, pour gâter ses plaisirs, pour troubler ses divertissements, pour le tenir sans cesse en butte à ces petites mortifications qui, en tout pays, ont le pouvoir d'exciter le ressentiment des esprits faibles autant et plus que des insultes graves, et auxquelles, en France, une importance extravagante est toujours attachée, même par les personnes qui ne manquent ni de sens ni d'élévation. Cette hostilité, dans laquelle la cour, et non pas le duc d'Orléans, avait pris l'offensive, était loin de se borner à ces petitesses. Au mépris de la décence et de la vérité, les accusations les plus blessantes de lâcheté furent répandues et encouragées par la reine et son parti contre le duc d'Orléans à son retour de la flotte en 1778 (1). J'ai entendu des Français bien informés attribuer les visites du duc en Angleterre, et sa prédilection pour nos usages, ce qu'on appelait son anglomanie, au soin minutieux avec lequel on l'excluait de la politique et des amusements de la cour, et aux dégoûts que lui donnaient les attaques directes et indirectes dont il était l'objet. Il faut reconnaître en même temps que ses mœurs étaient loin d'être honorables. Ceux qui l'avaient engagé dans la révolution (2) fu-

(1) Cette assertion n'a pas seulement pour garantie les Mémoires imprimés de madame de Genlis et le récit unanime des personnes liées avec le Palais-Royal : Talleyrand, Lafayette, lord de Sainte-Hélène, Puységur et d'autres émigrés royalistes, en ont souvent reconnu l'exactitude en causant avec moi, et ont même appuyé de leur témoignage des faits qui la confirment. La perfidie et la fausseté des accusations lancées contre le duc d'Orléans sont reconnues par l'auteur, quel qu'il soit, de l'Introduction à la correspondance du duc, publiée et imprimée en 1800 à Paris, format in-8, par Le Rouge, imprimeur, et Debray, libraire, publication qui confirme d'autres parties encore de mon récit.

(2) Quelles étaient les personnes qui dirigeaient la politique du duc d'Orléans, qui le pressaient, en cette occasion, de revenir, et qui prenaient soin de ses intérêts et de sa popularité dans la canaille de Paris? C'est là un mystère très-difficile à pénétrer. Madame de Genlis enflammait son animosité contre la reine, et quoiqu'elle l'ait nié depuis, elle contribua certainement d'abord à le lancer et ensuite à le tenir sans cesse

rent mécontents du voyage en Angleterre, que les remontrances, et quelques-uns disent les menaces de Lafayette (1) lui firent entreprendre. Ils consi-

engagé dans des intrigues politiques. Laclos, son secrétaire, était un homme de grand talent, qu'on a beaucoup soupçonné et qu'on n'a jamais pu convaincre de machinations secrètes et de desseins pervers. Siéyès aussi avait de l'influence sur le duc. Ducrest, le frère de madame de Genlis, malgré ses démêlés et ses procès avec le duc, passe pour avoir exercé quelque influence sur lui et pour avoir invariablement employé cette influence contre la cour.

(1) Bien des personnes, et quelques-unes d'honorables, avaient assuré Lafayette qu'elles avaient vu le duc d'Orléans dans le rassemblement du 6 octobre. Il crut plus tard et il sut positivement, de la bouche de Talleyrand surtout, que le fait était faux et qu'il y avait eu méprise; néanmoins le poids des témoignages fut si fort un moment, qu'il fit plus que contrebalancer dans l'esprit de Lafayette l'improbabilité d'une telle conduite, et on pressa si vivement le général de prendre quelques mesures contre le duc, qu'il se résolut à lui parler. Ils se rencontrèrent chez madame de Coigny. Lafayette conseilla au duc, d'un ton décidé et peut-être un peu péremptoire, de quitter la France. « J'y mis, me disait Lafayette bien des années après, une
« insistance qui, employée vis-à-vis de moi-même, aurait bien
« pu, je l'avoue, avoir pour effet de me décider à rester bien
« plutôt qu'à partir; mais je n'allai point cependant jusqu'à
« la menace. Lui (le duc d'Orléans), en cédant comme il fit,
« a pu montrer un manque de *courage moral*, mais je n'avais
« pas le droit de lui imputer, et je ne lui impute aucun man-
« que de courage personnel. Je suis loin de croire, au con-
« traire, qu'il ait manqué de cette qualité dans cette circon-
« stance ou dans toute autre occasion. » Le prétexte ostensible de ce voyage fut, comme on sait, une mission relative aux affaires de Belgique, et il essaya incontestablement, quoique sans succès, de faire de cette mission autre chose qu'un prétexte. Voir dans ses lettres, publiées à Paris en 1800, la note du 3 avril 1790, p. 120. Correspondance de Louis-Philippe, duc d'Orléans, chez Le Rouge et Debray, Paris, 1800.

deraient ce voyage comme une désertion pusillanime; ils pressèrent sans relâche le duc de renoncer à une retraite qui prenait le caractère d'un exil ignominieux quoique volontaire. Il céda, quoique avec répugnance, à ces représentations, et après avoir offert très-nettement de rester en Angleterre, si on pouvait obtenir pour lui, de la cour, le titre d'ambassadeur à Londres.

L'amiral Payne, qui le conduisit, dans une petite barque, jusqu'à son yacht, en rade de Brighton, m'a assuré que le duc d'Orléans, en le quittant, lui serra la main avec beaucoup d'émotion, et lui dit, les larmes aux yeux : « Si je consultais mon inclination ou le soin de ma personne, je resterais dans votre heureux pays; mais on me dit que je suis tenu en honneur de retourner en France; c'est pour cette raison et pour cette raison seule que je pars. Vous, mon cher Payne (1), vous vous souviendrez que je ne m'aveugle pas sur ma situation ni sur les scènes que je vais affronter. Ma présence ne

---

(1) L'amiral Payne, il faut l'avouer, n'avait pas la réputation d'être fort exact dans ses récits, mais je ne vois pas quel motif il aurait eu de supposer cette conversation. L'impression générale qui me fut donnée des sentiments du duc d'Orléans à cette époque par François, duc de Bedford, à qui il parla dans le même sens à Woburn, aussi bien que son langage et sa conduite ultérieurs, me déterminent à croire que le fond de ce récit est exact, et que les paroles mises dans la bouche de ce prince infortuné à son départ d'Angleterre sont l'expression exacte de ses idées.

fera de bien à personne, je vais mener une existence horrible, et je périrai probablement parmi les premiers, ou au moins de très-bonne heure. »
Avant de quitter la France, le duc d'Orléans avait fait à la cour quelques faibles avances, de nature pourtant à montrer que si ses amis et lui étaient garantis contre la persécution et la vengeance, et admis à une part d'influence, il était disposé à donner son appui pour empêcher les choses d'en venir aux extrémités.

Le duc renouvela ces offres quand il fut en Angleterre et à la veille de son retour. Il proposa, et même il demanda que sa prétendue mission fût convertie en une ambassade effective à Londres. Quand il eut éprouvé un refus de la part de M. de Montmorin, il regarda, et on ne peut l'en blâmer, l'invitation de demeurer à Londres et les raisons qu'on en donnait, à savoir que sa présence pourrait aggraver les troubles et les embarras du temps, comme une insulte plutôt que comme un encouragement. Loin de l'arrêter, c'est là ce qui provoqua le retour du duc à Paris. En cette occasion comme en toutes les autres, il n'éprouva, de la part de la cour, que le mauvais vouloir, le dédain et l'insulte. Tout cela pouvait être fort beau et fort magnanime, mais cela était fort impolitique. Si cette conduite ne justifie pas, au moins elle pallie et elle explique suffisamment les relations ultérieures du duc avec le parti avancé.

Après le retour de Varennes, on dit que le duc

d'Orléans refusa la présidence (1) et se montra peu disposé à se mettre en avant. Les uns attribuent cette inaction à l'hypocrisie et les autres à la pusillanimité. Mais si le fait est tel qu'on le rapporte, est-il avéré qu'un sentiment de délicatesse vis-à-vis des prisonniers royaux, et une répugnance réelle à être contraint de prendre le pouvoir ne furent pas au nombre des motifs véritables des refus du duc? N'était-ce pas là sans contredit l'occasion qu'un homme d'une ambition sans principes, et animé de la soif de la vengeance, tel qu'on le dépeint souvent, aurait choisie pour agir? Quant à moi, voici comment j'incline à expliquer la conduite du duc d'Orléans. La popularité et le plaisir de triompher de la malignité de la cour et surtout de la reine, furent tout naturellement le but du duc d'Orléans au commencement de la révolution. Il se lassa bientôt des intrigues qui s'ourdissaient. Il fut révolté par les excès qui se commirent, et finit par s'alarmer des conséquences de la révolution. Et bien avant l'époque dont je parle, dès 1791, sa tranquillité personnelle, sa propre existence et le salut des gens qui s'étaient compromis pour lui, étaient tout ce qu'il attendait, et peut-être tout ce qu'il souhaitait obtenir.

Talleyrand, qui connaissait bien le duc d'Orléans et qui traça, bientôt après, le portrait de ce

---

(1) Plusieurs mémoires le disent, mais je ne garantis pas le fait.

prince dans un ouvrage composé en collaboration avec Beaumetz, et demeuré inédit, me l'a dépeint comme un homme également indifférent aux jouissances du plaisir ou de la vanité, uniquement occupé de conserver ses aises et de sauver sa vie. C'était un homme si *blasé*, si *désabusé* de tout, qu'il avait perdu « jusqu'au besoin de s'émouvoir. » On a, il est vrai, des raisons de soupçonner que les personnes qui s'occupaient d'établir et d'entretenir son influence dans Paris, prirent une part active aux intrigues et aux révolutions municipales qui précédèrent et accompagnèrent le 10 août et le 2 septembre 1792. Il est vrai encore que le seul parti qui montrât quelques dispositions à identifier ses intérêts avec ceux du duc et à agir d'accord avec lui, se composait d'une partie des hommes au langage et aux manœuvres desquels les horreurs du 2 septembre sont uniquement attribuées par des auteurs bien informés. Quelques-uns de ces hommes, et Danton (1) en particulier, n'étaient pas éloignés

---

(1) Danton, bien connu pour un homme sans principes, corruptible et d'une énergie indomptable, traita tour à tour avec tous les partis, et fut employé, sinon acheté par la cour, pour ruiner par tous les moyens la popularité de Lafayette et des constitutionnels. Il reçut 4,000 louis de Montmorin, sans doute dans ce but. Lafayette, qui avait acquis la certitude de ce fait, le jeta à la tête de Danton dans une des rares entrevues qu'il eut avec lui pour le détourner d'exciter la canaille à insulter la famille royale, en 1792. Danton avoua qu'il avait reçu de l'argent, mais prétendit que c'était une indemnité pour une place d'*avoué* que lui avait fait perdre un décret de l'Assemblée constituante. C'est sans doute à

de sauver la vie du roi, de concert avec le duc d'Orléans, ni de mettre un terme aux excès de la populace, par une union avec les Brissotins et les républicains modérés, pourvu qu'ils fussent assurés de l'oubli et de l'impunité pour tous les faits accomplis. Mais les républicains et les philosophes, chaque fois qu'il était question du duc d'Orléans, montraient autant d'hostilité déraisonnable et d'aveugle imprévoyance que les royalistes eux-mêmes.

propos de cette somme et de sa conduite si peu en rapport avec l'attente des gens qui la lui avaient donnée, qu'il fit l'impudente réponse qu'on lui attribue : « On donne volon-« tiers 80,000 fr. pour un homme comme moi, mais on n'a « pas un homme comme moi pour 80,000 fr. » Dans cette même conversation avec Lafayette, Danton dit au général qu'il était encore plus royaliste que lui : Lafayette répondit que cela n'était pas difficile, mais que ce n'était point une raison pour traiter la royauté avec brutalité et avec insulte. Le fait est pourtant que plus on étudie la conduite de Danton, de beaucoup le plus habile quoique le plus corrompu de tous les terroristes de 1792, plus on est conduit à soupçonner qu'il avait quelques desseins secrets et même un principe de conduite, quoiqu'il ne fût pas favorable à la monarchie. Il aurait sans doute préféré pour des motifs faciles à deviner et personnels, comme beaucoup d'honnêtes gens par des raisons d'intérêt public et de patriotisme, une dynastie indirecte dans la maison d'Orléans à l'hérédité directe dans la personne de Louis XVI et de Louis XVII. Tous les hommes qui joignent l'amour de la liberté à la conviction que la monarchie est nécessaire, doivent reconnaître qu'en Angleterre un Nassau ou un Brunswick était préférable à un Stuart ; et qu'en France un Bonaparte ou un d'Orléans est beaucoup plus compatible avec un gouvernement sensé et libre qu'un prince dont le titre dérive exclusivement du droit de primogéniture et de l'hérédité légitime.

Des scrupules honorables sans doute, mais fort inopportuns et fort peu d'accord avec leur propre conduite, avant et pendant le 10 août, firent que les amis de Roland, de Brissot et de Guadet, se révoltèrent à l'idée d'une coalition avec des hommes couverts du sang de leurs concitoyens, quoique cette alliance fût le moyen évident et peut-être unique d'empêcher le sang de couler encore.

Danton et ses partisans, qui avaient trempé à un si haut degré dans les crimes des terroristes, furent contraints d'aller en avant avec leurs associés, quand ils désespérèrent de devoir l'impunité au triomphe de la portion la plus modérée et la plus nombreuse, mais la moins populaire de la Convention. Le duc d'Orléans n'aurait pu sauver le roi en votant contre sa mort, et plus qu'aucun autre membre de l'assemblée, il aurait hâté sa propre mort en votant autrement. D'un autre côté, le duc était aussi le seul homme de l'assemblée sur qui, en cas de contre-révolution, la vengeance royale serait indubitablement tombée sans merci. De telles considérations n'ont point de poids aux yeux d'un Caton; mais elles étaient de nature à ébranler la fermeté du commun des hommes. Le duc d'Orléans était donc tout au moins aussi excusable que les 360 membres qui votèrent comme lui, et les gens qui regardent le régicide comme le plus grand des crimes possibles n'ont pas le droit de désigner le duc comme le plus coupable de tous les conventionnels. Il sentait parfaitement tout ce que sa position avait de particulier. J'en ai trouvé quelques preuves curieuses dans une courte relation écrite par mistriss Elliott, qui avait, je crois, vécu avec lui, et qui se prévalut de leur ancienne connaissance pour lui demander de sauver dans son parc de Monceaux, et avec de grands dangers pour lui-même, le plus jeune des frères Champcenetz (1), qui était compromis dans l'affaire du 10 août, et qui, loin d'être capable d'affronter aucun péril pour le servir, aurait été, ainsi que le duc le fit remarquer avec raison dans son interrogatoire, le premier à demander sa mise à mort. Ce même Champcenetz (2) fut, à ma connaissance, le dernier à soulager la détresse de sa généreuse bienfaitrice, mistriss Elliott, et à atténuer les reproches violents qu'il a été de mode, dans bien des cercles en Europe, d'adresser à la mémoire du duc d'Orléans. Ce prince périt bientôt après sur l'échafaud et démentit une des accusations lancées contre son caractère par le calme (3) avec lequel il subit son sort.

(1) Il y a dans le texte anglais Chancency; nous avons cru devoir rétablir le nom véritable.
(2) Il prit le nom de Quintin, et acheta une propriété dans le Yorkshire. A la restauration de Louis XVIII, il occupa aux Tuileries un poste élevé.
(3) Voir l'Introduction à la Correspondance, page IV, numérotée par erreur VI. Paris, 1800.

CHAPITRE II.

Talleyrand et Pitt. — Talleyrand élève de Calonne. — Son séjour en Angleterre. — Mot de Talleyrand sur Mme de Staël. — La cour de Mme Grand à Neuilly. — Calonne et Fouché. — Mort de Calonne. — Son caractère. — Services rendus par lui aux princes émigrés. — L'empereur Léopold. — Formation de la coalition.

C'est pendant mon séjour à Paris, en 1791, que je connus pour la première fois M. Talleyrand ; je l'ai revu depuis presque à chacune des vicissitudes de sa fortune. C'est à sa conversation que je dois une bonne partie du peu que je sais des hommes éminents de la France, avant et pendant la révolution. Il était alors évêque. Sa famille l'avait, je crois, contraint d'entrer dans les ordres, parce qu'il était boiteux, et l'avait traité, à cause de cette infirmité, avec une indifférence et une dureté indignes. Il fut quelque temps aumônier de son oncle, l'archevêque de Reims; et quand M. Pitt vint à Reims pour apprendre le français, après la paix de 1782, Talleyrand lui donna un appartement dans l'abbaye de Saint-Thierry, où il résidait alors avec son oncle, et pendant six semaines il ne le quitta pas. J'ai entendu Talleyrand remarquer avec quelque amertume que M. Pitt n'eut jamais la bonne grâce de faire allusion à ce fait pendant l'ambassade de Talleyrand, ni pendant son émigration, ni en 1794 quand il refusa de revenir sur l'ordre cruel qui renvoyait Talleyrand d'Angleterre en vertu de l'*alien bill*.

Talleyrand fit son apprentissage de la politique sous M. de Calonne, et apprit de ce spirituel ministre l'heureuse facilité de traiter les affaires sans effort et sans cérémonie, dans le coin d'un salon ou l'embrasure d'une fenêtre. Dans l'exercice de ce talent, il égala la facilité et surpassa l'esprit de son modèle. Mais il y apportait des qualités que Calonne ne posséda jamais, à savoir : beaucoup de véracité, de discrétion et de clairvoyance. Il montra peu ou point de talent de parole dans l'Assemblée nationale. Ses rapports et ses mémoires, celui sur l'éducation surtout, lui valurent quelque réputation ; mais ils étaient, je soupçonne, l'œuvre d'autres personnes. Les talents de Talleyrand n'en étaient pas moins reconnus, car ils étaient incontestables, et on prévoyait dès lors ses succès futurs. J'ai parlé ailleurs de son ambassade de concert avec M. de Chauvelin.

Talleyrand s'évada de Paris cinq jours après le 2 septembre, avec un passeport de Danton, ce grand seigneur de la sans-culotterie, comme l'appelait spirituellement Garat. Talleyrand avouait que ce passeport ne lui avait pas servi seulement à quitter la France, mais qu'il lui était devenu bien plus utile encore quand il désira d'y rentrer sous le Directoire. Ce passeport prouva qu'il n'avait point émigré.

J'avais raconté, dans ces *Souvenirs*, l'entrevue dans laquelle Talleyrand obtint de Danton le passeport dont il avait besoin, d'après le récit que m'avait fait presque aussitôt après Dumont (1), à qui je croyais que Talleyrand avait dit le fait; mais Talleyrand m'a assuré, en 1830, que le passeport ne lui avait pas coûté un shilling, que Danton n'avait essayé ni de l'escroquer ni de l'effrayer, qu'il s'était, au contraire, montré obligeant et même amical. Talleyrand exposait, de la façon la plus piquante, les raisons qui avaient dicté cette conduite de Danton, et sa manière de raconter cette scène indiquait manifestement qu'il en avait écrit le récit. Cette scène forme sans doute un chapitre de ses mémoires; mais, au fond et dans les détails, elle diffère essentiellement et elle est presque l'opposé de ce qu'on m'avait dit et de ce que j'avais raconté : aussi je supprime ce passage. Il est possible que l'entrevue dont je faisais précéder le départ de Tal-

---

(1) Dumont, comme je l'ai fait observer ailleurs, était presque toujours inattentif et souvent inexact, quoique très-honnête. Ma longue et invariable expérience de la véracité de Talleyrand dans les grandes et petites choses, me porte à croire que son récit est exact. Talleyrand, autant ou plus que les autres diplomates, peut taire ce qui est vrai ; je suis tout à fait convaincu qu'il ne dit jamais une chose qui soit fausse, quoiqu'il puisse occasionnellement vous laisser une fausse impression.

leyrand de Paris, en 1792, ait eu lieu entre une autre personne et Danton, et que Dumont ou moi, nous nous soyons trompés de nom.

Talleyrand vécut fort modestement en Angleterre, dans Kensington-Square ; il vendit sa bibliothèque, et fut sur le point de traiter avec un libraire pour publier des mémoires, de concert avec l'ex-président Beaumetz, littérateur de quelque talent. Ils avaient écrit une vie du duc d'Orléans. Talleyrand avait, sans aucun doute, fourni les faits et les jugements ; mais Beaumetz passait pour avoir fourni la mise en œuvre et le style. Talleyrand toutefois s'avisa de la possibilité d'un retour en France et des désagréments qu'un ouvrage de ce genre pourrait lui valoir. Beaumetz consentit à renoncer à cette publication ; mais le manuscrit demeura sans doute entre les mains de Talleyrand. Dans ces dernières années, il m'a parlé de ces mémoires, et il en a lu des fragments à de mes amis. Il est remarquable que les passages et les phrases cités avec éloge se rapportent à la période dont traitait l'œuvre qu'il avait entreprise conjointement avec Beaumetz en 1793 (1).

Talleyrand avait gardé le plus désagréable souvenir de son séjour dans l'Amérique du nord. Un mémoire curieux, écrit et dicté par lui, et qui se

---

(1) Il a lu depuis à lady Holland, à moi et à Allen sur les débuts de sa carrière un morceau auquel Beaumetz n'a pu avoir aucune part. Cela est admirable de forme aussi bien que de fond (1852).

trouve dans les comptes-rendus de l'Institut, contient cette opinion que les Etats-Unis doivent, en dernier résultat, s'allier à la nation d'où ils sont sortis plutôt qu'à celle à laquelle ils doivent, dans une certaine mesure, leur indépendance.

On croit généralement qu'il négocia son retour en France par l'intermédiaire de madame de Staël. Il fut sur le pied de l'intimité avec elle; mais il avait abandonné sa société pour celle de madame Grand (1), dès avant la paix de 1802, quand je le re-

(1) « Il faut avoir aimé madame de Staël pour connaître tout le bonheur d'aimer une bête, » était un mot de Talleyrand fort répété à Paris à cette époque pour expliquer sa passion pour madame Grand, qui assurément ne pouvait séduire ni lui ni personne par le charme de son esprit et de sa conversation. Pendant trente ou quarante ans les bons mots de M. de Talleyrand ont été plus souvent cités et plus généralement admirés que ceux d'aucun homme vivant. Il y a peu de gens qui aient fait autant de bons mots et moins encore qui les aient faits aussi bons. Une heureuse association de la netteté de l'expression, de la facilité et de l'élégance de la forme, avec la malice et la finesse de la pensée, donnait à ses sarcasmes une tournure si polie et si peu apprêtée, que le divertissement égalait presque la mortification chez ceux qui en étaient l'objet. On connaît sa piquante repartie à un jeune homme qui vantait avec complaisance l'extrême beauté de sa mère, en laissant entendre que cette beauté pouvait expliquer les avantages personnels des enfants de celle-ci : « C'était donc, lui demanda Talleyrand, monsieur votre père qui n'était pas si bien ? » Voici un mot plus récent qui n'est ni moins piquant, ni moins finement tourné. La célébrité de M. de Chateaubriand, le plus vain des mortels, était sur son déclin. On vint à dire dans une conversation que Chateaubriand était frappé de surdité et se plaignait amèrement de cette infirmité. « Je comprends, dit Talleyrand, depuis qu'on a cessé de parler de lui, il se croit sourd. »

vis à Paris. Lors de la conclusion du concordat, il devint indispensable que Talleyrand reprît les habitudes et le caractère d'un évêque, ou se fît relever des devoirs et des obligations de la prélature. Il choisit le dernier parti; mais Bonaparte, qui affectait à ce moment d'établir le plus grand décorum dans la cour consulaire, mit quelque malice à exiger de Talleyrand le renvoi de madame Grand, ou un mariage public avec elle. La nature équivoque du divorce de cette dame d'avec M. Grand mit quelque obstacle à cette union. Il était curieux de voir de quelles caresses on entourait, dans sa petite cour de Neuilly, sir Elijah Impey, le juge qui, dans l'Inde, l'avait condamnée pour ses infidélités à des dommages-intérêts envers son mari. Le témoignage de sir Elijah était regardé comme indispensable, et le juge n'était point disposé à le refuser; car, malgré ses protestations de désintéressement dans la chambre des communes, il était en train de solliciter du gouvernement français une indemnité pour les pertes qu'il avait éprouvées dans les fonds publics de France. Monsieur, depuis sir Philippe Francis, le complice de madame Grand, alors présent, lui aussi, à Paris, ne manquait pas de faire remarquer cette circonstance aux Anglais, quoiqu'il ne fût pas reçu à Neuilly, où il aurait formé un groupe curieux avec son adversaire judiciaire et son ancienne maîtresse.

M. de Calonne vint en France, à la même époque, sous prétexte d'affaires particulières; mais toujours avec la même légèreté, la même présomption et le même talent, il réussit à se mettre en faveur auprès de quelques-uns des ministres les plus jacobins du premier consul. Il avait même concerté avec Fouché un plan pour renverser Talleyrand et améliorer les finances de Bonaparte. Il me présenta à Fouché, dont la figure, les manières et la conversation respiraient, à cette époque, l'absence de retenue, la férocité, l'énergie et l'impatience inquiète qu'on devait s'attendre à trouver réunies chez un révolutionnaire, et qui, dissimulées avec plus de soin quand il fut devenu courtisan, demeurèrent les éléments principaux du caractère de cet agent vaniteux et sans principes de la République, du Consulat et des Bourbons.

Talleyrand déjoua l'intrigue de Fouché avec l'ex-ministre de Louis XVI. Le mémoire sur les finances rédigé par Calonne, et remis au premier consul par le régicide, devenu ministre de la police, reçut dans *le Moniteur* du lendemain une réponse de la main du consul lui-même; et l'auteur, sans être nommé, était désigné de la façon la plus dédaigneuse, et tourné en ridicule avec une extrême amertume. J'ai entendu Talleyrand plaisanter son vieil ami Calonne sur son amour de la retraite, le soir qui précéda son expulsion de Paris, et quand peut-être Talleyrand savait que l'ordre d'expulsion était déjà signé (1). Grâce pourtant à la clémence

(1) Talleyrand m'a assuré en 1830 qu'il n'eut connaissance de l'ordre envoyé à Calonne de quitter Paris qu'après le départ

du premier consul et à un retour de vieille amitié chez Talleyrand, Calonne obtint, bientôt après, de revenir à Paris. A peine arrivé, il mourut d'une pleurésie et d'un mauvais médecin, auquel, ne pouvant plus parler, il écrivit au crayon ces remarquables paroles : « Tu m'as assassiné, et, si tu es « honnête homme, tu renonceras à la médecine « pour toujours. »

Cet homme, agréable et remarquable, avait depuis longtemps cessé de jouer aucun rôle dans la politique. Il n'avait pas seulement été renvoyé du ministère et obligé d'émigrer, mais il avait été écarté du conseil des princes français auxquels il avait, sans nécessité, sacrifié, avant que je le connusse, sa fortune et presque toute celle de sa femme. Je l'ai vu beaucoup pendant les trois dernières années de son séjour en Angleterre. Il est du petit nombre des hommes publics dont le caractère me semble avoir été bien saisi et fidèlement retracé par les écrivains du temps. Aisé, obligeant, aimable, brillant et communicatif dans les relations du

de celui-ci; mais il est très-possible qu'il eût oublié une circonstance aussi insignifiante. S'il n'était pas instruit de cet ordre de départ, le propos qu'il tint à Calonne : Comment, Calonne, tu aimes donc la retraite ? ce propos, *que j'ai entendu*, était une rencontre bien étrange. Il se rappelait parfaitement le dégoût manifesté par Bonaparte au sujet de la protection accordée par Fouché à Calonne, et le contraste que le consul avait établi entre cette alliance et l'intérêt que Barthélemy éprouvait et témoignait en faveur de Breteuil : « Barthélemy et Breteuil, cela est dans l'ordre des choses, dit-il, mais Fouché et Calonne, ah, fi donc ! c'est de l'intrigue. »

monde, d'une lucidité merveilleuse quand il exposait ou traitait les affaires, il avait une légèreté de caractère, une imprudence de parole et de conduite, et je dois, j'en ai peur, ajouter un dédain de la vérité, et souvent une ignorance des sujets dont il parlait avec entraînement et éloquence, qui semblaient presque incroyables chez une personne désireuse de jouer un rôle dans les affaires de ce monde, et déjà parvenue à des positions d'une haute importance.

Quoique Calonne eût été exilé avant la révolution, et qu'il ne fût pas insensible aux mauvais traitements qu'il avait reçus de la cour, il dévoua avec autant de générosité que d'imprudence son temps et sa fortune au service des princes émigrés. Il reçut d'eux la mission de solliciter l'appui des divers souverains d'Europe, et particulièrement de Léopold, qui venait de monter sur le trône d'Allemagne, et qui prit à Florence plusieurs intermédiaires privés et fort mal choisis pour communiquer avec Calonne, voyageant sous le nom supposé d'un gentilhomme anglais. Ses déclarations particulières n'étaient pas, au jugement de Calonne, beaucoup plus encourageantes que les mémoires froids, réservés et ambigus qui, pendant la courte durée de son règne, émanèrent de la cour de Vienne au sujet de la révolution française. D'après Calonne, il est vrai, les princes émigrés avaient peu sujet de se louer des souverains de ce temps, les rois de Suède et de Prusse exceptés, lesquels épousèrent avec chaleur la cause de l'émigration, dans la conviction qu'il était du commun intérêt de toutes les têtes couronnées d'éteindre les principes révolutionnaires, alors dominants en France. Gustave III, prince de plus d'habileté que de sagesse, et de plus d'ambition que de courage, mais qui ne manquait pas de talent, fut assassiné bientôt après. Frédéric-Guillaume, par un étrange concours de circonstances, donna le premier, et avec plus d'éclat que personne, l'exemple de trahir et de déserter la coalition monarchique, dont il avait été à l'origine le membre le plus ardent, et peut-être au fond le plus réellement convaincu.

Les *Mémoires d'un homme d'État*, publiés à Paris en 1828, et écrits, dit-on, par le ministre de Prusse Hardenberg, ou rédigés sur des notes laissées par lui, s'accordent sur bien des points avec les impressions, les jugements et les souvenirs que j'ai consignés ici. J'avais écrit ce passage et quelques autres relatifs à la guerre entreprise par la Prusse contre la France en 1792, avant d'avoir lu les *Mémoires d'un homme d'État*. Je ne sais rien de l'authenticité de cet ouvrage, mais la façon dont il explique les événements de ce temps concorde singulièrement avec quelques renseignements que je dois à des Français et à des Prussiens, et qui diffèrent des opinions accréditées à ce sujet. Suivant l'auteur de cet ouvrage, Gustave était le seul roi disposé à conduire les émigrés dans une croisade contre la France, qu'il fût ou non soutenu par les autres souverains. Catherine n'épargnait rien pour persuader à Gustave et aux autres rois d'entreprendre la guerre, et Frédéric-Guillaume était aussi sincèrement désireux d'engager ses frères en royauté dans cette entreprise, sans arrière-pensée d'agrandissement ni de démembrement. Mais il fut d'abord cajolé par Léopold, puis il se laissa dominer peu à peu par ses ministres et ses généraux, et il finit par se lasser et s'irriter de l'égoïste duplicité de l'Autriche. La version que Calonne me donna de tous ces faits ne diffère pas beaucoup de celle-ci. Il n'établit point, il est vrai, de nuance entre Gustave et Frédéric-Guillaume, et n'insista pas sur le moment où Frédéric-Guillaume, avant la mort de Gustave, montra, par prudence et par déférence pour Léopold, quelque froideur aux princes et aux émigrés. Calonne ne me marqua pas non plus d'une manière aussi tranchée que l'auteur des Mémoires la différence entre les secrètes communications adressées par la cour de Versailles, y compris la reine, aux puissances coalisées, et les rapports des princes et des émigrés. Mais, en somme, il me peignit Léopold comme irrésolu, égoïste et hostile à la cause de l'émigration aussi bien qu'aux émigrés, et Frédéric-Guillaume comme ayant été à l'origine sincère, ardent et désintéressé, puis ayant ensuite un peu rabattu de cet héroïsme, et s'étant fort refroidi.

CHAPITRE III.

Les cours de Danemarck et de Prusse en 1791.—Etat de l'opinion publique dans le nord de l'Europe. — Le roi de Danemarck Christian. — Sa folie. — La maison Christian et compagnie. — Les Bernstorff. — Le prince Henry de Prusse. — Le prince Ferdinand. — Les enfants de Schmettau. — Le duchesse d'York. — Le roi de Prusse et les Illuminés. — Influence de l'Illuminisme.

Je passai l'été et l'automne de 1792 en Danemarck et en Prusse. Dans l'un et l'autre de ces pays, je trouvai dans l'opinion publique deux dispositions qui me frappèrent et qui expliquent bien des événements accomplis depuis en Europe, quoique l'impression produite par ces événements ait détruit chez bien des gens le souvenir de leurs sympathies premières, et ait amené un revirement qui affaiblira aux yeux de la postérité l'autorité de mon témoignage. La première de ces dispositions était l'universelle conviction que la France serait domptée; la seconde était le sentiment général de regret et de chagrin avec lequel les grandes masses de la population envisageaient ce résultat.

Les militaires, les hommes politiques et tout ce

qui s'intitulait la bonne compagnie, regardaient comme absolument impossible que des troupes françaises et encore moins des gardes nationales, des levées improvisées, des volontaires, ou des paysans opposassent la moindre résistance aux armées régulières de l'Allemagne. L'art de la guerre, disait-on, était ramené à des règles certaines. L'idée que la valeur, l'enthousiasme ou le nombre pussent triompher de troupes disciplinées, commandées par un capitaine expérimenté comme le duc de Brunswick, paraissait aussi chimérique que celle de réfuter un problème de géométrie avec des métaphores, de l'imagination ou de la naïveté. On faisait valoir par-dessus tout la supériorité morale aussi bien que scientifique des puissances militaires, car c'est ainsi que les cours d'Allemagne s'intitulaient par excellence, sur les Français. La bataille de Rosbach était dans toutes les bouches.

Mais ces succès, envisagés comme infaillibles, ne causaient pas à tout le monde la même satisfaction. Beaucoup de militaires en réputation, surtout en Prusse, combattaient la politique de la guerre comme tendant à agrandir l'Autriche; et la population des provinces protestantes du nord souhaitait manifestement, sans oser l'espérer, le succès de la France révolutionnaire. La grande majorité des commerçants et des gens lettrés ne prenaient pas beaucoup de peine pour cacher l'alarme que leur inspirait le triomphe prochain de la royauté, de l'aristocratie, et de l'autorité militaire sur ces principes d'égalité qui, dans leur pensée, tendaient à exciter l'industrie, à développer les facultés et à améliorer la condition du genre humain.

Ce sont là les considérations qui, sous la prudente administration de Bernstorff, maintinrent si longtemps le petit royaume de Danemarck dans une complète neutralité, malgré les dispositions puériles du prince royal à contrefaire le puissant roi de Prusse, et malgré les exhortations et les menaces des puissances confédérées, dont l'une au moins possède toujours une grande influence dans les conseils de Copenhague. Le prince royal, depuis Frédéric VI, et neveu du roi d'Angleterre, était le chef ostensible du gouvernement. L'incapacité de son père était reconnue, et quoique celui-ci continuât à signer les édits et les actes publics, on ne lui permettait de prendre aucune part aux délibérations; et aucun de ses actes n'était considéré comme valide, à moins d'être contresigné par le prince, que le conseil avait en réalité investi de toutes les fonctions de la royauté. La signature royale était conservée comme un expédient médical plutôt que politique. Elle avait pour objet d'égayer et d'adoucir l'humeur du monarque déposé, et non de valider des actes, qui, sans cette formalité, n'en étaient pas moins reconnus valables par les tribunaux, et obéis par le peuple.

Les premières fois que Christian se vit mettre de côté, il pleura amèrement de n'être plus roi, et ajouta, comme preuve de son malheur, qu'on ne lui donnait plus jamais de pièces à signer. Pour le contenter, on lui apporta désormais les décrets à signer, et il ne refusa jamais de mettre son nom au bas de tout ce qu'on lui présentait, de peur de perdre la seule prérogative qui lui restât, mais, à son avis, la prérogative distinctive de la royauté. Il arriva une fois ou deux, par raison de commodité ou par accident, que le prince royal mit son nom au bas d'un acte avant de l'envoyer à la signature de son père. L'œil jaloux du vieux monarque le remarqua; et la première fois qu'on lui apporta ensuite une pièce, il signa, à la surprise et à la consternation des courtisans, Christian et Compagnie, ajoutant malicieusement qu'il était autrefois seul propriétaire de la maison; qu'il voyait bien qu'elle était désormais en commandite, et qu'il épargnait à ses associés la peine d'ajouter leur signature.

La folie du roi était d'une nature joviale et sans mélange de méchanceté. Quand il entrait encore dans les intérêts de la reine douairière, sa belle-mère, de le conserver dans l'exercice de ses fonctions, elle avait coutume, pour le montrer en public, de le faire jouer aux cartes. Il est d'usage, dans le nord de l'Europe, de marquer ses points avec de la craie; mais, dans ces occasions, le roi se divertissait à employer la craie d'une façon moins décente; il dessinait sur le tapis vert les figures les plus obscènes, et avertissait de l'œil les assistants, quand la reine douairière en détournant la tête, et, avec une négligence affectée, effaçait ces dessins obscènes avec ses cartes, ses doigts, son mouchoir, une serviette ou tout ce qu'elle pouvait employer à cet usage, comme par un mouvement machinal.

Pendant bien des années, il continua à dîner de temps en temps en public. Les ministres étrangers étaient prévenus de ne provoquer et de ne remarquer aucune de ses singularités. Néanmoins il réussissait assez souvent à les déconcerter. Par exemple, il les invitait à boire à sa santé, puis il lançait le contenu de son verre à la figure du page placé derrière lui, et quand, par cette brusquerie assaisonnée de grimaces, de gestes et de contorsions, il avait réussi à provoquer un sourire, il prenait soudain un air grave et solennel, et s'adressant au ministre placé en face de lui : « M. l'envoyé paraît fort gai, disait-il. Y a-t-il quelque chose qui l'amuse? — Je le prie de m'en faire part. » Tel était le caractère inoffensif de la folie royale. Est-ce faire une satire ou un éloge de la monarchie, que d'ajouter que, sous ce prince absolu dont la puérilité arrivait jusqu'à la folie et l'imbécilité, le commerce, l'agriculture et la prospérité du royaume continuèrent à grandir, le peuple fut déchargé du poids des anciens droits féodaux qui l'accablaient, la tranquillité fut maintenue, la justice rendue avec une impartiale probité, et la politique étrangère elle-même, pendant une période de périls et de confusion sans exemple en Europe, conduite d'une façon honorable et même glorieuse, si l'on tient compte des faibles ressources du Danemarck.

Ce petit royaume de Danemarck semble destiné à faire exception à toutes les règles. Une monarchie absolue, établie du consentement et même sur le vœu tumultueux du peuple, a continué pendant plus d'un siècle d'y être administrée avec prudence, sagesse et modération. Pendant la plus grande partie de cette période, les premiers ministres ont été pris dans une seule et même famille qui non seulement était de naissance et d'extraction étrangères, mais qui n'a jamais identifié ses intérêts avec ceux de la nation qu'elle gouvernait, en acquérant par achat ou héritage la moindre terre dans les limites du royaume. Les Bernstorffs étaient tous des Allemands, et leurs possessions aussi bien que leurs acquisitions étaient toutes en Allemagne.

Le représentant actuel (1) de cette famille, après avoir été lui-même quelque temps premier ministre de Danemarck, est retourné dans son pays natal et dirige à Berlin les affaires étrangères. Son oncle était au pouvoir quand je visitai Copenhague. C'était un homme d'un esprit éclairé, de formes agréables et d'un caractère bienveillant. Si le langage des membres du corps diplomatique à cette cour aussi bien qu'à Hambourg et à Berlin, en 1792, répondait aux sentiments réels de leurs gouvernements, les puissances neutres comme les puissances belligérantes d'Europe avaient aussi peu de droit à se vanter de la modération de leurs vues, de la délicatesse de leurs moyens et de l'humanité

(1) En 1826.

de leurs sentiments que les révolutionnaires français eux-mêmes; et la façon dont ils exprimaient leurs principes était toujours aussi brutale et souvent aussi grossière, aussi commune et aussi incivile que le langage des Sans-Culottes de Paris. Le comte Bernstorff, je dois le dire, ne sanctionna ni n'encouragea jamais aucune de ces extravagantes professions de foi en faveur de ce qu'on appelait à cette époque légitimisme et gouvernement régulier. Cette prudence sauva la dignité de son caractère et lui épargna bien des mortifications. Lorsque la politique ou la nécessité le mirent en contact avec les ministres ou les agents des divers gouvernements de France, il n'eut jamais à retirer, à expliquer ou à désavouer aucune opinion émise par lui-même en particulier ou officiellement. C'est une humiliation, à laquelle presque tous les princes et les hommes d'Etat d'Europe furent exposés et se soumirent dans le cours des vingt années qui suivirent, trahissant ainsi une flexibilité de principes qui, aux yeux de l'histoire, ôtera à leurs excès dans la prospérité l'honorable excuse du fanatisme, et à leurs souffrances dans l'adversité la décence et la dignité du martyre.

Par une prolongation du singulier contraste que je viens de faire remarquer entre les résultats et les éléments du gouvernement en Danemarck, les affaires de ce pays ont été conduites avec grand succès sous le roi actuel Frédéric VI, à cette époque prince royal. C'était pourtant et c'est encore un homme médiocre, doué de peu d'avantages naturels, et auquel, en somme, on connaissait des faiblesses, comme la vanité et un penchant à l'ivrognerie plutôt que des qualités éminentes ou distinguées. Une anecdote semblerait prouver, si elle est vraie, que ce prince n'était dépourvu ni de finesse ni de saillie. Frédéric VI était à Vienne pendant le congrès de 1814. Dans les traités qui s'y négociaient, on se distribuait les territoires; les royaumes allemands et les Etats voisins en prenaient leur bonne part; et la valeur de chaque cession était calculée d'après le nombre des habitants : en langage diplomatique cela s'appelait céder tant d'*âmes*. Le royaume de Danemarck, loin d'acquérir un nouveau territoire, perdit un peu du sien. Frédéric VI fut fort caressé pendant les négociations : il fut traité avec une cordialité amicale et avec la sympathie la plus affectueuse par l'empereur d'Autriche. Ce haut personnage, quand il prit congé, le complimenta avec une grande chaleur sur ses qualités, sa bonne conduite et la grande considération qu'il s'était acquise. « Pendant son séjour ici, continua-t-il, votre majesté a gagné tous les cœurs. — Mais pas une seule âme, » répondit avec quelque causticité le souverain mal récompensé d'un peuple bien gouverné. Jusqu'à ce moment on n'avait point soupçonné qu'il ressentît les mortifications qu'il avait reçues, et encore moins qu'il fût capable d'exprimer ce ressentiment par une repartie si vive et si bien méritée.

CHAPITRE III.

Comme le roi de Prusse, Frédéric-Guillaume II et ses fils étaient à l'armée, je ne vis point la cour à Berlin en 1791, et je n'y trouvai qu'un petit nombre des hommes influents. Alversleben et les autres ministres étaient de pures machines, ou tout au plus des hommes de bureau et d'affaires, de la valeur de ceux que produisent uniformément toutes les cours. Le général Mœllendorf, chez lequel je dînai une ou deux fois, était remarquable, par son extérieur, qui était celui d'un vieux soldat franc, résolu et de formes athlétiques, par son mérite comme l'un des élèves les plus distingués du grand Frédéric et par la hardiesse avec laquelle il désapprouvait tout haut la guerre contre la France. C'était le vrai type d'un vieux général allemand, et ses dîners, qui duraient plusieurs heures, étaient le modèle des banquets d'autrefois dans ce pays.

La reine douairière, veuve de Frédéric, était accablée par l'âge et complétement inintelligible, et la reine régnante, qui me confondit avec lord Holderness et me demanda si ce n'était pas moi qui avais accompagné la princesse Marie dans la Hesse-Cassel, en 1746, était presque folle. Les deux petites cours de la princesse Henry et du prince Ferdinand, à Bellevue, faisaient seules l'agrément de Berlin. La princesse Henry était une personne raide, sans agréments, mais hospitalière, qui vivait séparée de son mari, et recevait deux fois par semaine, dans toutes les règles du cérémonial, les gens du pays et les étrangers. L'étiquette établie par Frédéric par suite des répliques inciviles de quelques ministres étrangers, et je crois particulièrement de M. Hugh Elliot, subsistait encore dans toute sa rigueur; et chaque fois qu'un membre de la famille royale se mettait à table, tout le corps diplomatique était obligé de se retirer. Cette exclusion ne s'étendait pas aux étrangers qui n'avaient point d'emploi. C'était une scène assez curieuse de voir le ministre d'Angleterre et les autres diplomates tressaillir comme des coupables, et déguerpir de l'appartement de son altesse royale, lorsqu'à onze heures le carillon d'une horloge allemande nous invitait à passer dans la salle du souper.

Le prince Henry était, à cette époque, à Rheinsberg, où, quelques années plus tard, je lui rendis visite avec ma famille. On attribuait son opposition à la guerre à sa prédilection pour la France et les Français, à une vieille rivalité et à sa jalousie du duc de Brunswick, à qui le roi avait donné le commandement de l'armée. Telle était sa partialité pour tout ce qui était français, que, non seulement il avait une troupe de comédiens français dans son palais, mais qu'il bornait soigneusement ses lectures aux ouvrages français, et n'employait que la langue française : il avait oublié si complétement sa langue maternelle, ou affectait de la parler si mal, que quand, par une complaisance inattendue, il indiquait aux postillons par quelle route ils devaient me conduire à Postdam, ceux-ci ne pouvaient s'empêcher de rire, même en face de lui, de la manière défectueuse dont il prononçait tous les mots.

Les nombreuses singularités de ce prince et sa conduite militaire et politique sont rapportées dans plusieurs ouvrages et dans quelques mémoires, et son caractère est admirablement tracé, quoiqu'un peu grossièrement, dans les célèbres lettres de Berlin, de Mirabeau. C'était le plus capable des trois frères du grand Frédéric, et, s'il était inférieur à celui-ci sur le champ de bataille et dans le cabinet, il était moins oublieux de ses amis, moins implacable pour ses ennemis, et, sous tous les rapports, moins égoïste et moins insensible que cet homme extraordinaire, mais sans principes. Il avait été profondément affecté du traitement subi par son frère Auguste (1). Il me dit qu'il avait autrefois raconté la vérité dans ses mémoires, et vengé la réputation de ce prince, en mettant dans tout leur jour la cruauté et l'injustice du roi, mais que celui-ci, ayant appris ou soupçonné ses intentions, lui avait adroitement fermé la bouche, et l'avait contraint à supprimer le passage redouté, en le vantant lui-même dans son histoire de la guerre de sept ans si chaudement et si fort au-dessus de ses mérites, qu'il avait craint d'encourir le repro-

(1) Appelé, je crois, prince royal et père de Frédéric-Guillaume II. On croit qu'il mourut de douleur après la bataille de Kolin, par suite de la froide réception que lui fit le roi et des reproches dont il l'accabla sans ménagement après son échec dans cette campagne.

che d'une noire ingratitude s'il laissait après lui un récit de la faiblesse ou de la méchanceté de son propre panégyriste. Néanmoins, il éleva dans son jardin, en l'honneur de son infortuné frère, un monument couvert d'une longue inscription, et il eut le courage d'ouvrir et d'illuminer ce monument dans la fête qu'il donna à l'occasion de la visite du roi à Rheinsberg. On jugeait de son opinion sur la guerre de 1792 par le langage tenu à Bellevue, la villa de son frère, le prince Ferdinand. Là, la campagne était librement discutée, les généraux français portés aux nues, et même la conduite de la Convention, les clubs et les jacobins assez souvent excusés.

L'héritière de cette maison, la princesse Louise, depuis princesse Radziwil, était une remarquable personne; suivant les on-dit, elle avait été élevée dans la pensée d'épouser le prince de Galles. Elle avait incontestablement étudié avec succès la langue et les usages d'Angleterre. On dit que Georges III fit à toute union avec cette branche de la maison de Brandebourg une objection tirée de la chronique scandaleuse de Berlin, déclarant qu'aucun de ses enfants n'épouserait les enfants de Schmettau. Frédéric, lorsqu'il n'y avait pas grande chance de voir un héritier naître dans les autres branches des Brandebourg, avait placé, dans la maison de son frère Ferdinand, un officier du génie distingué, M. de Schmettau, dans l'espoir et la prévision, et peut-être avec l'ordre formel de suppléer à tout ce

qui pouvait manquer dans la famille. La princesse, quoique très-digne et très-convenable dans sa conduite, ne fut pas longtemps insensible aux agréments personnels et à la distinction d'esprit de son chambellan. Schmettau, tous les ans, venait annoncer la naissance d'un prince, et recevait quelque beau présent en échange de cette bonne nouvelle. A la troisième visite, suivant Mirabeau, le roi, après lui avoir donné une canne à pomme d'or, le rappela et lui dit : « Schmettau, trois, c'est assez. » Ces anecdotes qui couraient dans le public faisaient sourire les gens, mais elles excitaient des scrupules sérieux dans l'esprit de Georges III. S'il avait été conséquent avec lui-même, sous ce rapport comme sous beaucoup d'autres, il se serait opposé à une autre alliance de sa famille avec la maison de Brandebourg. La reine de Prusse (1), celle qui est exilée et divorcée, est fort calomniée, si en apprenant le mariage de sa fille avec le duc d'York, elle ne répondit point au chambellan qui le lui annonçait que c'était un assez bon parti pour la fille du musicien Muller. . . . .
. . . .
. . . .

Une éducation, dans une cour comme celle de Berlin, n'était pas de nature à donner et ne donnait pas sans doute une grande austérité de prin-

(1) J'aurais dû dire la première femme de Frédéric-Guillaume, car je crois que ce prince l'avait répudiée et s'était déjà remarié avant de monter sur le trône.

cipes; mais la duchesse d'York se fit certainement remarquer dans tout le cours de sa vie par la distinction et la franchise de son caractère, la sûreté de son jugement, la constance et la générosité de son attachement à sa famille, à ses amis et à ses serviteurs. Son esprit était fort supérieur aux illusions qu'enfante habituellement une position aussi élevée que la sienne. Elle ne faisait, il est vrai, aucune ostentation de sa philosophie, mais elle la pratiquait en silence, la faisant servir, non seulement à régler sa propre conduite, mais à pallier et à cacher les fautes politiques ou privées de ceux avec qui elle était liée. Si son mari avait vécu assez pour régner, la nation aussi bien que lui-même aurait eu des motifs de plus de regretter la fin prématurée de cette princesse. Comme duchesse d'York, son caractère réservé dérobait au public beaucoup de ses bonnes et de ses brillantes qualités. Le dédain de la popularité dans une situation élevée, avec les qualités qui la donnent, est une rencontre qui a, tout au moins, le mérite de la rareté et du désintéressement; et je crois me permettre, dans ces pages rapides, une digression bien pardonnable en rendant témoignage (1) aux vertus d'une personne qui, par désintéressement ou par

---

(1) Le duc d'York demanda à lord Lauderdale une épitaphe pour le monument de la princesse. Celui-ci eut recours à moi; les lignes que je rédigeai sont gravées, je crois, sur la tablette élevée à la mémoire de la duchesse dans l'église de Weybridge ou de Walton.

des sentiments plus louables encore de tendresse pour autrui, a refusé pendant sa vie de demander au public la part de reconnaissance et d'applaudissements à laquelle elle avait droit.

J'ai vu, mais sans lui avoir été présenté, le père de cette princesse, le roi Frédéric-Guillaume II. Quoique fort irrégulier dans sa conduite, il n'était pas exempt de superstition; en 1792, il subissait l'influence d'une secte alors fameuse en Allemagne, et appelée les Illuminés. Son favori, M. Bischoffwerder, était membre de cette association de visionnaires et d'imposteurs, et on lui fait grand tort s'il n'est pas vrai qu'il ait recouru à des conjurations et à des apparitions pour convertir le roi à ses vues politiques, qui étaient très-mobiles et très-changeantes, et parfois aussi mystérieuses et aussi inintelligibles que sa croyance à la nécromancie, à la magie et au monde surnaturel. On a répandu et accrédité dans toute l'Europe quelques rapports odieux et bien des récits plaisants sur les supercheries employées pour déterminer le roi à la guerre, et les ruses aussi nombreuses qu'il fallut mettre en usage pour le dissuader de la continuer. De tous ces récits qui circulaient dans le public, beaucoup étaient de pure invention, beaucoup étaient sans doute fort embellis; mais l'exagération, si grande qu'elle soit, repose toujours sur un fond de vérité, et l'incontestable influence de superstitions semblables dans toutes les cours d'Allemagne à cette époque, donne à toutes ces histoires un crédit suffisant pour que je les rapporte au moins comme faits, quoique les détails m'échappent et quoique je n'aie point examiné les autorités sur lesquelles elles reposent.

Quelques années plus tard, ce devint une mode ou une ruse parmi les serviles apologistes de la tyrannie d'identifier la secte des Illuminés et toutes ses ramifications, d'abord avec la franc-maçonnerie, puis avec les principes désorganisateurs et irréligieux des clubs révolutionnaires de France. Ce sont là, à mon avis, des choses très-distinctes dans leur origine, leur objet et leur développement. Il est au moins curieux que la seule influence effective et connue de ces pratiques insensées sur les événements du monde politique ait été de déterminer une grande puissance et plusieurs petites cours d'Allemagne à infliger au genre humain les maux de la guerre, pour sauver de la ruine les institutions de la monarchie, de la papauté et de l'aristocratie. Si les sociétés secrètes plus récentes du Tugenbund en Allemagne et des carbonari en Italie, sont réellement sorties des Illuminés, supposition fort contestable en soi, ces associations elles-mêmes furent formées dans un esprit anti-français, et, dans les deux parties de l'Europe qui furent le théâtre de leurs machinations, elles eurent pour but de résister au pouvoir de Napoléon.

CHAPITRE IV.

La cour d'Espagne en 1793. — Florida Blanca. — Son caractère. — Cause singulière de sa disgrâce. — La reine d'Espagne. — Charles III et son fils. — D'Aranda. — Débuts de Godoy. — Chute de d'Aranda. — Guerre avec la France. — M. Cabarrus. — Conclusion de la paix. — Faveur de Godoy. — Le nouveau Janus. — Mariage de Godoy.

En 1793, je visitai Madrid, et des voyages subséquents, ainsi que quelques circonstances accidentelles, m'ont mis plus au courant des personnes et des choses de cette cour que de toute autre cour d'Europe.

On ne s'était pas contenté de destituer et d'exiler Florida Blanca, il était si étroitement détenu dans la citadelle de Pampelune, qu'à mon passage dans cette ville en 1793 on ne me permit pas de lui faire parvenir une simple lettre d'introduction de lord Lansdowne. A Murcie, en 1803, il refusa ma visite; j'échangeai quelques lettres avec lui au moment de la révolution de 1808, époque à laquelle il devint président de la junte centrale, et j'arrivai trop tard pour le voir à Séville, où il mourut au commencement de 1809.

C'est de l'ambassade de Rome qu'il avait été appelé au poste de premier ministre par Charles III, probablement sur la recommandation de son prédécesseur, car c'était une des maximes de ce prince méthodique et tenace de laisser à ses ministres, au moment de leur renvoi, de leur retraite, ou de leur mort, la désignation de leur successeur. Florida Blanca, ou Monino, qui était son nom de famille, avait les qualités de sa première profession, la magistrature, à savoir, l'application, l'exactitude et l'esprit de suite dans les affaires. Il améliora plusieurs branches de l'administration, et, dans la politique extérieure, il montra du zèle et du courage, en même temps qu'une grande connaissance des vrais intérêts de son pays. Il eut en outre l'habileté de se soustraire et même, à l'occasion, de résister à la formidable puissance de l'Eglise, sans provoquer son ressentiment, ni scandaliser ses partisans fanatiques. D'un autre côté, il était dur, vindicatif et injuste, très-jaloux de son pouvoir, et d'une activité funeste à étendre l'autorité ministérielle au détriment et en dépit des quelques institutions qui subsistaient encore, et qu'il essaya toutes d'humilier et de corrompre. Il entreprit de transformer les grands en de simples figurants dans les cérémonies de la cour, et les magistrats en de serviles instruments du ministre du jour. Il ne réussit que trop bien.

CHAPITRE IV.

Charles III ordonna à son fils de garder Florida Blanca pour ministre, et Charles IV considéra cette injonction comme sacrée. Il fallut beaucoup de temps et d'intrigues pour surmonter la répugnance de ce prince à tout changement. Peut-être ses scrupules n'auraient-ils jamais cédé sans un accident qui donna à la détermination royale l'apparence et même le caractère d'un acte de justice, dicté par une vertueuse indignation. Florida Blanca avait intenté une poursuite en diffamation contre un certain marquis de Mancas (1), ancien ministre d'Espagne à Copenhague. Dans son ardent désir d'obtenir une condamnation contre lui, il eut l'imprudence de l'exiger dans une lettre au président, ou président d'office du conseil de Castille, qu'il savait tout dévoué à ses volontés. Le courrier était en route de l'Escurial à Madrid, quand ce président mourut d'apoplexie; l'adresse de la lettre portant le titre de la place, et non pas le nom de la personne, fut remise au magistrat le plus proche dans la hiérarchie à qui revenait le soin de présider la cour, et elle fut ouverte par lui. Il se trouva que c'était ou un magistrat intègre ou un homme

---

(1) L'anecdote que je rapporte ici m'a été contée à Burgos en 1804, par Mancas lui-même, et m'a été confirmée par d'autres personnes. Je l'avais écrite en note, en tête d'un exposé fait par Florida Blanca de sa propre administration. Je prêtai ce manuscrit à M. Coxe, et ce compilateur imprima ma note sans m'en demander permission, avec les papiers de Florida Blanca, dans son Histoire des rois d'Espagne de la maison de Bourbon.

dévoué au parti déjà formé contre le premier ministre. Il envoya donc copie de la lettre au roi, qui, justement irrité d'une si indécente intervention dans le cours de la justice, et poussé sans doute par la reine, surmonta le scrupule qu'il avait de violer la promesse faite à son père. Florida Blanca fut destitué, puis exilé et mis en prison.

Les motifs de la reine n'étaient pas aussi purs que ceux qui étaient mis en avant par son parti, et d'après lesquels son mari avait agi. La complexion amoureuse de cette princesse était bien connue du vieux roi et ne pouvait être un secret pour son ministre.

Charles III souriait souvent de la simplicité de son fils, qui, dit-on, lui faisait observer que les princes étaient exempts du sort auquel trop de maris sont exposés, d'abord parce que leurs femmes sont plus sévèrement élevées que celles des particuliers, et en second lieu parce qu'avec des inclinations vicieuses, elles trouvent rarement des personnages de sang royal avec qui s'abandonner à leurs mauvais penchants. A ces réflexions, le vieux roi répondait avec autant de promptitude que de malice en plaisantant le prince sur sa simplicité (1), ou en marmottant un dicton qui lui était familier (2), et qui n'était nullement à l'honneur de la chasteté du beau sexe.

(1) Carlos, Carlos, que tonto que eres.
(2) Todas, si todas, son putas.

CHAPITRE IV.

Au nombre des amants de la princesse des Asturies que Charles III avait de temps en temps éloignés de la cour, se trouvait un jeune garde-du-corps, du nom de Godoy, natif de Badajoz. Son jeune frère, don Manuel Godoy, servait dans le même corps, et se chargea de faire parvenir les lettres d'amour que son frère exilé adressait à sa royale maîtresse. Mais la passion de celle-ci n'était pas de nature à se contenter longtemps des protestations de tendresse d'un amant absent. Don Manuel pensa peut-être qu'il servirait les intérêts de son frère, comme il servit incontestablement les siens, d'une manière plus efficace en suivant l'exemple plutôt que les recommandations de l'exilé. Bref il supplanta son frère dans les affections de sa maîtresse, et à l'avénement de Charles IV il était connu par toute la cour comme l'amant en titre de la nouvelle reine. Le comte Florida Blanca avait trop de sagacité pour ne pas pénétrer le caractère du jeune favori; il reconnut, à son grand chagrin, que les honneurs et les distinctions ne suffiraient pas à contenter Godoy, et que celui-ci visait au moins à une part du pouvoir politique. Mais le vieux ministre était trop jaloux pour en rien céder, même devant l'évident avantage de s'assurer l'appui d'un associé. Il avait des prétextes si plausibles dans l'extrême ignorance et dans la médiocrité de condition du jeune aspirant au pouvoir, qu'il réussit pendant un temps à lui faire refuser place dans le conseil. La ruine de Florida

Blanca devint donc indispensable à l'avancement de Godoy. De là l'ardeur de la reine à accumuler les accusations contre le ministre, et à mettre sous les yeux du roi la liste de ses fautes.

Cette princesse n'osa pas néanmoins élever d'un seul coup Godoy à la première charge de l'Etat. Le marquis d'Aranda, grand d'Aragon, fut désigné, par sa réputation et par le choix du roi, comme le successeur naturel d'un premier ministre expérimenté. On soupçonna pourtant qu'en cette occurrence Aranda descendit jusqu'à acheter sa nomination, en promettant de découvrir chez le jeune garde-du-corps une grande aptitude aux affaires, et de le recommander pour une place éminente dans les conseils du souverain. Sous ces auspices, il entra dans le cabinet. Aranda était un véritable Aragonais, raide, obstiné et sarcastique; en politique, un partisan de la France attaché par habitude et par conviction à une étroite alliance entre les deux pays; en principes, un philosophe connaissant à fond Voltaire, d'Alembert et Helvétius; jaloux de l'Eglise, implacable contre les Jésuites qui avaient été supprimés pendant son premier ministère, et assez sensible aux éloges quelque peu exagérés que cet acte lui avait valus de la part des gens qui avaient mis l'incrédulité à la mode à Paris, et qui, plus tard, associèrent jusqu'à un certain point cette incrédulité à la cause de la révolution française. Donc, en dépit de son attachement pour la maison de Bourbon, et de son intimité avec la bonne com-

pagnie de Paris, d'Aranda était moins bien disposé
en faveur d'une confédération anti-révolutionnaire
qu'aucun autre ministre européen, et surtout
qu'aucun des serviteurs d'une cour unie par les
liens du sang à celle de Versailles.

Godoy, en quête d'une occasion pour faire sentir
son importance, en différant d'opinion avec le premier ministre, comprit que les instances des puissances étrangères, les excès croissants de la démocratie française et l'opinion nationale et religieuse
de l'Espagne ne tarderaient pas à rendre la guerre
inévitable ; il la soutint dans le conseil, et se rendit
ainsi agréable à un parti puissant et en voie de
progrès. On dit que d'Aranda, s'aveuglant sur les
conséquences de son dédain, et oubliant les raisons
qui l'avaient déterminé à se prêter à l'avancement
du jeune favori, ne put contenir sa surprise quand
Godoy s'aventura à avoir une autre opinion que la
sienne, et qu'il traita le conseil et le conseiller avec
la plus grande hauteur et le plus parfait mépris. Si
cela est vrai, d'Aranda se faisait d'étranges illusions
sur son crédit. Sa politique pacifique, quoique raisonnable, fut facilement renversée; les grands par
peur et le vulgaire par fanatisme applaudirent le favori qui attaquait cette politique. Amis et ennemis se
réunirent d'ailleurs pour la rendre impraticable ;
l'exécution de Louis XVI sembla justifier et même
populariser une déclaration de guerre, et l'Angleterre, l'Allemagne et l'émigration employèrent leur
influence pour amener la chute d'Aranda. Il fut

donc destitué, ou, comme on dit en espagnol, *gratifié* (1) de son renvoi.

La douceur de sa chute semble indiquer que Godoy, maintenant duc d'Alcudia, n'avait pas perdu tout souvenir de ses bons offices, et qu'il y avait dans le caractère du favori plus de présomption et d'ambition que d'esprit de vengeance et d'ingratitude. D'Aranda ne perdit ni son rang ni ses pensions, mais il avait abaissé la dignité et diminué l'estime de son caractère par ce second et éphémère passage aux affaires, qui ne fit en réalité que frayer la voie à un favori, à un parvenu.

Quoique j'aie visité le camp des Espagnols à Irun et à Saint-Jean-de-Luz, je sais peu de choses de la guerre et encore moins des officiers qui commandèrent. On regardait Ricardos (2) comme un officier accompli, et le comte de l'Union comme un jeune homme courageux et entreprenant. Le général Caro, que j'ai connu, était un vieux soldat déterminé qui avait puisé, je suppose, ses idées sur la guerre dans les combats de taureaux, théâtre des exploits de sa jeunesse. O'Reilly (3) fut nommé général en chef,

---

(1) Jubilado...

(2) Son nom de famille était Richards; il était Anglais ou Irlandais d'extraction, et, si je ne me trompe, il y avait dans sa famille un titre de baronnet.

(3) On ne peut connaître l'histoire militaire de l'Espagne dans les temps modernes ou la bonne société de ce pays, sans être frappé du nombre d'officiers éminents qui sont nés en

mais il mourut, quelques badauds disent de poison, en allant prendre possession de son commandement. Dans sa jeunesse, quand il n'était encore qu'un aventurier irlandais et un enseigne au service d'Espagne, il sauva sa vie dans une bataille en Italie en persuadant au dragon qui l'avait renversé et qui allait l'expédier qu'il était le duc d'Arcos, commandant des forces espagnoles. Il gagna la faveur de la cour qu'il servait, en rejetant pendant sa captivité toutes les offres de Laudon pour lui faire prendre du service dans l'armée impériale. Ses exploits à Alger ne furent pas brillants, et ses exploits en Louisiane passent pour avoir fait peu d'honneur à son humanité. Comme gouverneur de Cadix, il montra une grande activité, de la vigueur, de la sagacité, et se fit une grande réputation d'habileté politique et de courage. Cette réputation et la faveur de Charles III, qui avait l'habitude de le comparer à un grand orme planté au beau milieu de la route d'Aranjuez, et qu'il ne voulut jamais laisser abattre, et qui disait d'O'Reilly que, comme cet orme, il n'avait d'ami que le roi, lui valurent par deux fois d'être nommé premier ministre. Les deux fois, la nomination fut rapportée et remplacée par un autre choix avant qu'O'Reilly arrivât à Madrid. Sa mort comme il allait prendre le commandement

---

Irlande ou qui descendent d'officiers nés en Irlande. Ce fait n'est-il pas le commentaire le plus éloquent de nos lois exclusives et intolérantes?

d'une armée, sembla couronner la fatalité qui l'empêchait toujours d'atteindre les objets de son ambition. O'Reilly était pénétrant, vif et avisé; il connaissait à fond la cour et la nation auxquelles il avait affaire; il avait assez de talent et de courage pour mettre cette connaissance à profit, mais il n'était point exempt de cette absence de tact et de jugement qu'on reproche si souvent à ses compatriotes et qui arrête la fortune d'hommes investis sans cela des qualités les plus grandes pour acquérir les distinctions et le pouvoir.

Les succès des Espagnols dans le Roussillon furent de peu de durée; les Français devinrent les envahisseurs au commencement de 1794. Quoique l'horreur de l'incrédulité régnât dans toute sa force d'un bout à l'autre de l'Espagne et dans la province de Catalogne, si remarquable pour son esprit guerrier aussi bien que pour ses passions anti-françaises, les Français avaient pourtant de grandes chances de succès à cause de la jalousie qui subsistait entre les Catalans et les troupes régulières, à cause de l'équipement incomplet des troupes et de la façon irrégulière dont elles étaient payées, à cause enfin du peu de talent militaire des officiers espagnols et des intrigues et des cabales qui se croisaient dans les conseils de Charles IV. Le danger devint manifeste et la guerre devint impopulaire. Les Catalans offrirent de défendre à leurs dépens leurs forteresses et leurs frontières, mais à deux conditions : la première qu'ils nommeraient leurs propres officiers, la seconde qu'on retirerait de leur pays toutes les troupes castillanes, aussi bien que les émigrés. Cette manière de faire entendre qu'il fallait acheter les moyens de défense par l'abandon d'une portion de l'autorité royale était bien faite pour arrêter l'ardeur martiale d'une cour énervée. Cela disposa le favori à faire la paix avec la République française, devenue un peu moins odieuse par la chute de Robespierre et par le triomphe d'un parti moins net dans ses principes, mais moins révoltant et moins sanguinaire dans sa conduite.

La révolution qui s'opéra en France en juillet 1794, et qui est plus connue sous le nom de 9 thermidor, le ton adouci du gouvernement qui suivit et les succès des armées révolutionnaires, avaient, dans le cours d'une année, amené ou contraint plusieurs puissances à demander la paix à la République et à rechercher son alliance. Le grand-duc de Toscane, sur les instigations de Manfredini, élève éclairé de l'école de Joseph II, qui était son précepteur, son favori et son chambellan, conclut un traité avec la France en 1795. Le roi de Prusse suivit cet exemple avant la fin de l'été. L'Espagne avait des motifs égaux et des facilités plus grandes pour apaiser l'hostilité de la fière République. Ses provinces étaient sans défense, mais elle avait des colonies et de l'argent pour les racheter. La politique favorite de la France, une union étroite avec l'Espagne, ou, pour parler plus exactement, une crainte fiévreuse d'une alliance permanente entre l'Espagne et l'Angleterre, était passée des Bourbons aux démagogues. Un des hommes importants qui s'étaient signalés dans le renversement de Robespierre parut, grâce à la même influence qui avait dirigé sa conduite dans cette occasion mémorable, devoir prêter une oreille favorable aux ouvertures de l'Espagne. La femme qui avait accordé sa main à Tallien, comme le prix ou la récompense de sa glorieuse conduite au 9 thermidor, et qui, si elle avait quelques-unes des faiblesses, avait aussi toute la générosité et la bonté de ses compatriotes, avec une double portion de la beauté et de la grâce qui les distinguent, cette femme était une Espagnole de naissance. Le noble usage qu'elle fit de l'influence que son exquise beauté exerçait si naturellement, aurait dû la préserver de cet oubli dans lequel l'hypocrisie du gouvernement consulaire et impérial et l'ingratitude des Bourbons l'ont laissée pendant des années.

Elle était la fille de Cabarrus, négociant français, qui dut à son caractère aventureux et à ses talents quelques-uns des honneurs et plus encore des vicissitudes d'un homme d'Etat en Espagne. Il avait projeté et fondé la banque de San-Carlos et s'était lié avec la plupart des hommes éminents du pays ; il fut exilé et emprisonné à la suppression ou à la chute de cet établissement. Il fut ensuite ramené à Madrid, où il était encore détenu, quand, à la prière de la comtesse de Galvez, le duc d'Alcudia eut recours à lui pour faire parvenir une ouverture à la République au moyen de la correspondance qui subsistait entre lui et sa fille, madame Tallien. Il s'acquitta si bien de cette commission et des suivantes, que le ministère espagnol admit la validité de ses créances sur l'Etat et les liquida pour six millions de réaux. Il fut sans doute consulté sur les conditions de la paix, et sa fille accomplit une œuvre bien digne de son esprit élevé en contribuant à la conclusion du traité, qui fut signé à Bâle en Suisse le 22 juillet 1795, à la grande surprise des gouvernements autrichien et anglais.

Les applaudissements populaires et les honneurs qui furent prodigués à Godoy pour ce traité, compensèrent amplement les remontrances dont les alliés le harassèrent, et les invectives dont il fut accablé par la presse anglaise. Il fut créé prince de la Paix. Le vocabulaire des titres fut épuisé pour exprimer la faveur de la cour. On inventa des priviléges d'une nature nouvelle et risible pour marquer l'estime qu'avait le roi de sa sagesse et de son administration. J'en donnerai pour exemple le droit qui lui fut accordé de faire porter devant lui dans toutes les solennités une image de Janus, symbole, dit la patente royale, de son savoir et de sa prévoyance, qui, comme la divinité de la fable, réfléchissent sur le passé en regardant tout ce qui est derrière, et prévoient l'avenir en apercevant tout ce qui est devant. Godoy, du reste, paraissait à ce moment désireux de mériter les honneurs sans parallèle qui lui avaient été conférés; il essaya de faire quelque bien à la nation de qui il les tenait. Au moins son administration depuis la conclusion du traité de Bâle jusqu'au déclin temporaire de sa faveur en 1798, attesta, malgré une guerre impolitique et mal conduite contre l'Angleterre, plus de disposition à réformer les abus, à améliorer la condition du peuple, et par-dessus tout à encourager, à récompenser et à développer tous les talents utiles qu'on n'en remarque à aucune autre époque de sa longue présence au pouvoir.

Peut-être quelques événements de cour lui rappelaient-ils combien son autorité était précaire, et l'avertissaient-ils que ni la nature, ni son propre exemple ne feraient de sa maîtresse un modèle de fidélité. Ces appréhensions ont pu le porter à chercher la popularité, à gagner des partisans et à établir autant que possible son pouvoir sur des fondements plus honorables et plus solides. Des symptômes de jalousie furent remarqués de très-bonne heure, mais la reine s'était donné tant de peine pour assurer à son amant la faveur royale, qu'à cette époque et plus tard, il lui fut difficile d'affaiblir et encore plus de détruire le résultat de ses propres efforts. Malgré leurs mystérieuses relations, l'ascendant de Godoy sur l'esprit du roi semblait aussi fort que celui qu'il avait exercé sur sa maîtresse. Pourtant ses amours, qui exaspéraient la reine comme autant d'infidélités, pouvaient, il le savait bien, servir à ébranler la confiance de Charles IV, qui avait appris à révérer l'austérité des mœurs de son favori aussi bien qu'à admirer l'étendue de son génie.

On a prétendu que le mariage de Godoy avec la fille de l'infant don Louis avait eu pour cause un trait malicieux de jalousie de la reine. On dit qu'elle amena inopinément le roi dans l'appartement du favori et le surprit soupant tête-à-tête avec mademoiselle Tudo (1), femme d'une beauté extraordinaire qu'il avait épousée secrètement, quoique les uns ajoutent que c'était en vertu d'un contrat sans valeur légale. Le roi fut moitié choqué et moitié diverti de cette découverte, et bientôt après, à la suggestion de la reine et afin de remédier, sans danger de péché mortel, à l'incontinence de son favori, il exigea de lui qu'il se mariât, et daigna lui offrir pour femme sa jeune cousine, récemment reconnue comme telle. Le prince de la Paix, n'osant pas avouer son union avec la Tudo et osant encore moins refuser l'alliance royale sans alléguer un empêchement insurmontable, obtint de la femme de ses affections de supprimer la vérité, et permit à Charles IV, dans son zèle pour lui éviter quelques péchés véniels, de le plonger dans le crime odieux de bigamie.

(1) Elle était fille d'un officier d'artillerie de quelque mérite, et elle avait accompagné sa mère, déjà veuve, qui venait solliciter une pension à San-Ildefonso, où elle fut présentée par le bailli Valdès, ministre de la marine, à Godoy, qui portait alors le nom de duc d'Alcudia.

Je ne garantis pas l'exactitude de ce récit, des personnes bien informées y croyaient et me l'ont raconté; il est certain que le mariage ostensible de Godoy avec la princesse, qui eut lieu en 1797, n'interrompit jamais ses relations avec la Tudo. Dans le temps de sa prospérité, elle logeait habituellement dans un palais royal ou dans un appartement voisin; dans le temps de son exil et de son adversité, elle le suivit à Rome, et elle a toujours été traitée par lui, par ses amis et même par la famille royale, comme une personne qui avait en quelque sorte un droit légitime à la compagnie, à la tendresse et à la protection du prince de la Paix.

CHAPITRE V.

Jovellanos et Saavedra. — Caractère de ces deux ministres. — Jovellanos et la reine d'Espagne. — Déclin de la faveur de Godoy. — Mallo. — Faveur d'Urquijo. — Il est nommé premier ministre. — Son éducation. — Ses projets. — Négociation avec l'électeur de Saxe. — Un prince cuisinier. — Coalition contre Urquijo, sa chute. — Retour de Godoy. — Sa politique vis-à-vis de la France.

Le mariage splendide que le prince de la Paix venait de faire ne le rendit pas plus assuré de demeurer en faveur, et ne diminua point sa disposition à chercher l'appui que des hommes de talent et un gouvernement éclairé pouvaient lui donner. A peu près à l'époque de son mariage, il consulta M. Cabarrus sur la formation d'un nouveau ministère, et cet ami, aussi judicieux que bien informé, lui recommanda les Espagnols les plus propres à faire honneur à son choix et à accomplir le bien du pays; tels étaient don Francisco Saavedra et don Gaspar Melchior de Jovellanos. Le premier, que j'ai depuis connu un peu à Séville (1), avait rempli de hauts emplois dans les colonies, et jouissait en Espagne et à l'étranger d'une grande réputation de talent et d'intégrité. Les Français ont toujours pris un intérêt tout particulier à son sort, quoique ses principes l'aient associé à la résistance nationale contre le gouvernement que Napoléon essaya en 1808 d'imposer à l'Espagne.

Jovellanos, que j'ai connu plus intimement et pour qui j'avais le respect le plus sincère, était un Asturien d'une bonne famille. Il avait été élevé aux Colegios Mayores. Il avait été protégé, si je ne me trompe, par son compatriote Campomanes, et s'était distingué de bonne heure par ses productions littéraires en vers et en prose, son goût pour les arts, son expérience du droit et ses connaissances étendues dans toutes les branches de l'économie politique. Si grandes que fussent ses facultés intellectuelles, elles étaient égalées par ses qualités morales; la pureté de son goût s'accordait avec celle de son âme, et la correction de son langage était l'image de sa vie régulière. Dans la douceur persuasive de son éloquence, dans la dignité calme de sa démarche, on semblait deviner la sérénité de

(1) En 1810. Quand, en 1803, je demandai au général Bournonville, à Madrid, d'user de son influence pour adoucir l'emprisonnement de Jovellanos, il me dit qu'il avait ordre de sa cour d'employer toute son influence en faveur de Saavedra d'abord, et que, jusqu'à la libération de celui-ci, il ne se croyait pas autorisé à faire aucune démarche en faveur de son compagnon d'infortune.

son esprit et l'élévation de son caractère. *Erant Mores qualis facundia.* Il avait occupé plusieurs postes dans la magistrature; et tantôt pour le récompenser, tantôt pour avoir un prétexte de le déplacer, on lui avait confié la surveillance des institutions publiques dans quelques provinces. Il remplit ces diverses fonctions avec autant de zèle que d'intelligence, et dans toutes il recueillit la satisfaction générale; car la complaisance avec laquelle il voyait les succès d'un membre de sa famille, d'un étudiant de son collége, d'un compatriote de sa province, ne dégénéra jamais en partialité. C'était une marque de son caractère affectueux qui le portait à se réjouir du mérite et des succès des gens auxquels le rattachaient des liens directs ou éloignés. Si ces sentiments influèrent sur le choix qu'il fit des fonctionnaires, l'intérêt du moins n'eut jamais cette puissance.

C'est sur cet article que Jovellanos blessa la reine par une austérité qui sentait peu la cour. Le refus d'avancer les créatures royales était, aux yeux de cette princesse, une intolérable grossièreté. Un jour qu'il lui demanda dans quelle école un ignorant, qu'elle recommandait pour un poste dans la magistrature, avait acquis les connaissances nécessaires dans sa profession, la reine répondit aigrement : Dans le collége où vous avez appris la politesse. Le sarcasme était immérité; on ne pouvait reprocher à Jovellanos de manquer d'urbanité ou de courtoisie, mais on exigeait de lui, sous ce nom, une obséquiosité de manières, et une servilité de conduite auxquelles aucun homme honorable ne peut s'abaisser. On l'a accusé, avec un peu plus de raison, de scrupules excessifs et de remontrances inopportunes sur la conduite licencieuse du prince de la Paix. On l'a même taxé d'ingratitude, pour n'avoir pas protégé contre le déplaisir de la cour un homme à l'intervention duquel il devait, dans une certaine mesure, son élévation : il vit sans doute avec indifférence décliner l'influence du favori ; peut-être attachait-il plus d'importance aux vices privés, qui dégradaient l'administration de Godoy, qu'il ne tenait compte du capricieux accès de patriotisme qui avait valu à Saavedra et à lui-même une place dans le conseil. Mais on ne le soupçonna jamais d'accélérer ce qu'on crut être alors la chute du favori, et il ne dépendait pas de lui de la prévenir. Il ne sacrifia ni sa place, ni ses espérances de servir son pays, pour un homme auquel il avait quelques obligations, mais pour lequel il ne pouvait éprouver beaucoup de respect. Telle est la somme et l'étendue de ses offenses, même en acceptant comme exacts des faits qui sont contestables.

Il était naturel que le prince de la Paix ressentît l'abandon de Jovellanos, mais la faute de celui-ci qui n'avait péché que par omission, n'était assurément pas assez grande pour justifier, pour pallier ni même pour expliquer les persécutions auxquelles Jovellanos fut en butte quand Godoy revint au pouvoir. Comme on doit reconnaître que le prince de la Paix s'est rarement rendu coupable d'aucun acte qui ressemble à de la cruauté, je penche pour attribuer principalement à la reine l'emprisonnement de Jovellanos à Majorque, et les insultes et les mauvais traitements qu'il y endura. Saavedra a dit à son ami, quand ils se sont retrouvés ensemble dans les conseils de leur pays, à Séville en 1809, que la reine était persuadée, sans qu'on sût pourquoi, que lui Jovellanos était l'auteur ou le patron d'un pamphlet obscène imprimé à Paris et fort inconnu de lui. Ce pamphlet était intitulé les *Trois Reines*, et contenait une peinture scandaleuse des vices publics et privés des reines de France, de Naples et d'Espagne. La reine cachait mal sa haine pour Jovellanos, même quand il était ministre. En réalité, la vie privée si pure de Jovellanos n'était pas de nature à réconcilier cette princesse avec l'inflexibilité de ses principes politiques. Il était, sinon pour les opinions, au moins pour le caractère et l'austérité politique, un janséniste. Il était lié avec beaucoup de personnes de cette secte, qui, en Espagne comme dans les autres pays catholiques, s'est toujours montrée le parti le plus difficile à corrompre et le plus fidèle à ses principes.

Quelles furent les causes de la brouille qui survint entre le prince de la Paix et la reine? C'est ce qu'il est malaisé de savoir au juste. Les effets s'en manifestèrent au commencement de 1798. Des deux côtés, il y avait bien des sujets de jalousie : le prince, depuis son mariage avec l'infante, n'en demeurait pas moins attaché à *la Tudo*, ainsi qu'on appelait l'epouse de son choix ; et la reine, avant que le prince quittât la cour, s'était éprise d'un officier du nom de Mallo, dont la galanterie, pour employer le mot le plus délicat, n'avait rien de brillant sous le côté moral ou intellectuel. On dit qu'elle dépensa des sommes énormes pour ce nouveau favori. On faisait courir à Madrid une histoire qui, si elle est vraie, prouverait que le prince de la Paix avait connaissance des infidélités de sa royale maîtresse, et qu'en outre il était disposé à s'en venger d'une façon qu'une femme peut difficilement supporter ou pardonner.

Le roi, la reine et le prince de la Paix, disaient les conteurs, étaient à une fenêtre du palais d'Aranjuez, quand Mallo entra dans la cour en carrosse. Charles IV exprima quelque surprise qu'un jeune officier, de condition médiocre et de mince fortune, possédât un si brillant équipage. Le prince de la Paix assura sa majesté qu'on expliquait la chose très-facilement, quoique d'une façon assez plaisante. Une vieille femme, ajouta-t-il, riche et sans dents (il savait que la reine avait fait venir un râtelier de Paris), avait conçu la passion la plus folle pour Mallo et lui prodiguait argent, équipage, chevaux et toutes les fantaisies luxueuses qui lui traversaient le cerveau. Charles IV se mit à rire éperdument, et chaque fois que le nom du galant se présentait dans la conversation, il s'empressait de mettre en circulation l'amusante histoire qui l'avait fort diverti, mais dans laquelle il ne se doutait guère que lui et les siens fussent si fort intéressés.

Cette anecdote est peut être trop dramatique pour mériter une foi entière; un grand nombre de personnes bien informées la croyaient vraie, et je la répète telle qu'elle m'a été contée. Soit jalousie, ressentiment ou crainte, on supposait à cette époque que la reine faisait les plus grands efforts pour rompre le charme qu'elle avait eu tant de peine à former, et pour faire entrer dans l'esprit du roi la défiance contre l'homme qu'elle avait si bien réussi à mettre dans ses bonnes grâces, et qui venait de s'allier par mariage à la famille royale. Elle réussit si bien, que Charles IV rabaissait dans la conversation les talents et les services qu'il avait autrefois prisés si haut et célébrés d'une façon si extravagante. On prétend qu'il exprima une fois le désir qu'on jetât le favori par la fenêtre, et qu'on le débarrassât d'un parent si importun. Il lui défendit de fait, mais non pas formellement, de se présenter aux Sitios, à moins d'une permission ou d'une invitation spéciale. Néanmoins, quand on songe aux mesures de rigueur qui accompagnent habituellement un changement de ministère en Espagne, et qu'on les compare au traitement que subit le prince de la Paix en cette occasion, on doit reconnaître qu'un lien mystérieux, ou d'amour ou de crainte, doit avoir subsisté entre la cour et lui, même pendant cette séparation ostensible (1).

 Au demeurant la conduite de la reine devint plus capricieuse et plus dissolue. Urquijo, qui, après la rupture avec l'Angleterre en 1796, était revenu de ce pays et avait obtenu, par avancement hiérarchique, le grade de commis principal, remplissait les fonctions de secrétaire d'Etat pendant la maladie de son chef don Francisco Saavedra. Cette maladie se prolongeant, il devint nécessaire qu'une personne initiée au service fît la lecture habituelle des dépêches à leurs majestés. Pour donner à Urquijo le rang exigé pour prétendre à un pareil honneur, on le nomma, pour la forme, ambassadeur près la république batave, et dès lors il vint régulièrement se placer debout devant la table à laquelle étaient assis le roi et la reine et leur lut la correspondance officielle. Urquijo était jeune, beau et bien fait; sa majesté la reine fut frappée de la personne du lecteur beaucoup plus qu'édifiée par les dépêches. Bravant l'étiquette, sinon les convenances, elle lui ordonna de prendre une chaise et de faire la lecture à son aise. Une telle condescendance n'était que l'avant-coureur de faveurs plus grandes. Urquijo fut bientôt fait ministre des affaires étrangères. Saavedra et Jovellanos furent destitués et bannis; mais, comme la destitution des deux ministres et surtout celle de Saavedra fut précédée par une maladie, beaucoup de gens qui détestaient la reine et quelques personnes qui

(1) Voir l'Appendice n. 2.

haïssaient le prince de la Paix attribuèrent la maladie au poison. D'après la version adoptée par les uns, le poison aurait été administré pour faciliter l'avancement d'Urquijo ; s'il fallait en croire les suggestions également improbables des autres, l'empoisonnement aurait eu lieu pour venger le favori congédié de l'ingratitude des deux ministres et pour le mettre à l'abri de leur inimitié. Les histoires d'empoisonnement s'inventent facilement et on y croit volontiers ; mais non seulement l'atrocité de l'acte, mais aussi la difficulté de sa perpétration, lorsqu'il s'agit de personnes entourées de pompe et d'étiquette, doivent éloigner tout soupçon d'un pareil crime, à moins cependant que le fait ne soit prouvé par des témoignages et corroboré par des circonstances impossibles à nier. La reine d'Espagne pouvait ruiner un ministre sans recourir à des pratiques aussi malaisées (1). Si le prince avait quelque chance de rentrer en faveur, il connaissait la cour d'Espagne trop bien pour appréhender que des remontrances faites par des ministres graves et austères fussent un obstacle à son retour au pouvoir. Par conséquent, quelque grande qu'ait pu être l'animosité soit de la reine, soit du prince contre les deux ministres, ils avaient des chances de la satisfaire sans recourir à un crime aussi odieux et sur-

(1) Ceux qui croient à cette histoire sont obligés de reconnaître au moins la difficulté et le peu de certitude qu'offre la réussite d'une tentative d'empoisonnement en général, puisque ni Saavédra ni Jovellanos ne sont morts.

tout aussi dangereux et d'une réussite si peu assurée.

J'estime donc que le bruit répandu au sujet des deux ministres était sans aucun fondement, et je suis également porté à n'ajouter aucune foi à beaucoup d'autres récits concernant des faits semblables attribués à la reine. Je dois cependant avouer qu'un Sicilien du nom de Carappa, soupçonné en 1804 de quelque galanterie avec la princesse des Asturies, était convaincu lui-même que sa santé avait été, dans le temps, gravement ébranlée par des potions, qui lui avaient été administrées à la suggestion de la reine d'Espagne. Il me citait ce qu'il appelait ses preuves, dix ans plus tard à Rome, mais ces preuves n'étaient point de nature à porter la conviction dans mon esprit, bien que, je le pense, elles fussent concluantes à ses yeux.

Quant à Urquijo, que je n'ai jamais connu personnellement, son administration dura plus longtemps qu'aucun homme raisonnable ne l'aurait supposé d'après les étranges récits qui couraient sur son compte. Il était ignorant, emporté et présomptueux à l'extrême. Ennemi de toutes les institutions du pays et de toutes les idées du peuple qu'il avait été appelé à gouverner, il était décidé néanmoins à faire peu de cas des individus, et à négliger les précautions les plus nécessaires à l'exécution des desseins difficiles qu'il avait conçus. Il poussait l'hostilité contre l'Église de Rome à un tel degré de fanatisme, que, lorsqu'étant chargé d'affaires à

CHAPITRE V. 79

Londres il avait appris, pour la première fois, que le général Bonaparte avait épargné le pape dans la paix de Tolentino, conclue grâce à l'intervention de l'ambassadeur espagnol Azara, il sortit de sa maison, se mit à courir comme un fou pendant plus d'un mille sur la route d'Uxbridge, et se jeta de désespoir dans un étang. M. Carlisle (1), le chirurgien, qui m'a raconté ce fait, passait près de là par hasard lorsque Urquijo fut retiré de l'eau dans un état d'immobilité complète; il le rappela à la vie en employant les moyens recommandés par la Société humaine et des naufrages.

Lorsque notre secrétaire d'Etat vint lui rendre visite, Urquijo eut soin de le recevoir avec un volume de l'*Age de la Raison*, de Paine, magnifiquement relié sur la table, et lord Granville m'a plus d'une fois motivé la mauvaise opinion qu'il avait des hommes politiques de l'Espagne, par ce fait qu'Urquijo, l'homme le plus extravagant et le plus incapable avec qui il eût jamais traité d'affaires, avait été élevé à la position de premier ministre. Quoiqu'il n'eût d'autre titre à la faveur de la reine que sa beauté personnelle, on prétend qu'il faisait peu de cas des avances de cette princesse; on assure même

(1) Ceci est une histoire bizarre et presque incroyable, mais je cite mon autorité. Je l'ai fait répéter plus d'une fois à M. Carlisle; il m'a raconté diverses circonstances relatives à cet événement et m'a assuré qu'il était toujours depuis sur le pied de l'intimité avec Urquijo et avait entretenu une correspondance avec lui. J'ai rencontré M. Carlisle dans la maison de M. P. Knight, dans Soho square.

que pendant toute la durée de son administration il accordait une préférence poussée jusqu'à l'ostentation à la princesse Branciaforte, sœur du prince de la Paix, son rival le plus dangereux. Il se proposait d'opérer diverses réformes, telles que : la suppression de l'inquisition et de différentes institutions monastiques, la nomination d'un patriarche et la translation de tous les procès espagnols de la *Dataria* de Rome aux tribunaux nationaux. Il commença pourtant par éloigner de leurs emplois et de la cour des hommes dont les talents, la gravité et les principes auraient pu répandre quelque lustre sur ses mesures, et adoucir l'odieux auquel des innovations aussi hardies devaient évidemment être en butte. Il paraissait ne compter que sur l'appui des ministres étrangers exclusivement. Il était principalement en relation avec Valcknaer, ministre de la république batave, et Borel, l'envoyé de Saxe. A l'instigation de ce dernier, il entama une négociation pour arranger un mariage entre le prince des Asturies et une princesse de Saxe, persuadé que celle-ci apportait une dot considérable. Le roi et la reine avaient été amenés à acquiescer à ce projet. Mais le vieil électeur eut des scrupules au moment d'envoyer sa fille dans une cour aussi immorale. Il fut cependant gagné à ce projet, grâce à un expédient remarquable qui consistait en un mariage de sa sœur, fille de cinquante ans, avec le frère du roi d'Espagne, l'infant don Antonio. Ce prince n'aurait sans doute pas demandé mieux, car jusqu'à présent on lui avait refusé la consolation d'avoir une femme, et à vrai dire tout autre plaisir, sauf celui de faire cuire et de manger son propre dîner, et de tuer pour ses repas quelques lapins à demi apprivoisés dans une petite île du Tage à Aranjuez. Cette île était réservée spécialement pour ses amusements princiers, attendu que son père et son frère aîné furent toujours tous les deux trop égoïstes pour lui laisser prendre part à leurs chasses. Le plan des mariages saxons, s'il n'a pas contribué jusqu'à un certain degré à la chute d'Urquijo, a subi le sort de ce ministre : il fut abandonné après sa disgrâce, et l'envoyé de Saxe, après avoir été injustement accusé de commettre des larcins sur les minéraux du musée, et après avoir souffert plusieurs autres persécutions indignes et peu généreuses, devint fou et mourut de regret et de chagrin.

Urquijo, entiché de sa personne, était toujours convaincu de sa faveur à la cour et de la faiblesse de ses adversaires, surtout de celle du prince de la Paix. Quoique averti, même par la sœur de celui-ci, de l'imprudence d'une pareille condescendance, il lui permit de reparaître aux *Sitios*. Une cabale fut ourdie entre le redoutable favori, le nonce et les dignitaires ecclésiastiques, qui craignaient de voir s'accomplir le projet d'Urquijo de nommer un patriarche et de refuser toute soumission à la Daterie romaine. Ils intimidèrent Charles IV en lui montrant en perspective un schisme dans l'Eglise; on assure même qu'une remontrance contre les plans du ministre réformateur et un exposé, élaboré avec soin, des conséquences que l'on devait redouter, furent présentés par le nonce au roi lui-même à Saint-Ildefonse, lorsque Urquijo était parti pour Madrid. J'ignore si la reine prit part à cette intrigue, mais, soit par un retour d'amour pour le prince, soit par peur, elle y consentit; car il est certain qu'Urquijo fut destitué, banni et emprisonné dans la citadelle de Pampelune, en 1800. A partir de cette époque, le prince de la Paix, qui proposa pour les affaires étrangères son cousin don Pedro Cevallos, et qui, depuis ce temps, fut toujours désigné dans l'intimité de la famille royale, par le nom caressant de Manuelito, recouvra tout son ancien pouvoir.

Il parut, cette fois, moins désireux de l'exercer d'une manière honorable pour lui-même et utile pour le pays. Il était devenu l'obligé du clergé et se montra soumis à l'influence de la cour et de l'Eglise de Rome, plus que ses principes et son caractère ne lui avaient permis autrefois de l'être. Son ressentiment contre ce qu'il regardait comme l'ingratitude de Jovellanos, lui aliéna les personnes éclairées par l'étude des lettres et de la philosophie, ainsi que ce parti austère ou cette secte qu'on peut désigner par le nom de jansénistes d'Espagne. Jovellanos fut tiré de sa retraite de Gijon et claquemuré dans les donjons du couvent de Majorque. La sentence qui le condamnait (prononcée sans jugement et même sans accusation) contenait cette addition injurieuse qu'il aurait à étudier son catéchisme sous la direction des ignorants cénobites d'un monastère. Des personnes incommodes au favori ou à la reine furent dénoncées à l'inquisition comme jansénistes, et exposées à toutes les formes de procédure terribles de cette institution impitoyable. Il faut constater cependant que dans le cas des deux frères nommés La Cuesta, chanoines, à ce que je crois, de Palencia, ce tribunal odieux, mais indépendant, dédaigna d'être l'instrument servile de l'injustice ministérielle; il acquitta courageusement les prisonniers, les fit mettre en liberté, et même leur accorda des dommages-intérêts. La vérité est que le prince de la Paix n'a jamais été, au fond, un ami de l'Eglise de Rome, ni un protecteur de l'inquisition, encore moins était-il partisan des Français, bien que sa poltronnerie et sa vanité l'aient parfois asservi à leurs desseins. C'est, sans aucun doute, à leur instigation qu'il fit la guerre au Portugal. Il fut tellement transporté de la petite conquête d'Olivenza, que non seulement il satisfit son goût pour l'ostentation, en envoyant une branche d'oranger à la reine, mais qu'avec un engoûment ridicule de sa personne, il se compara publiquement au roi de Prusse; il accepta les compliments extravagants des Français comme des marques sincères d'admiration, et se persuada véritablement pour quelque temps que sa capacité militaire rendait l'Espagne formidable à la France et au premier consul. Depuis la campagne de Portugal et surtout depuis la paix d'Amiens, sa conduite à l'égard de ses alliés devint un mélange de

versatilité, de présomption, de témérité, de perfidie
et d'irrésolution dont on aurait peine à citer un
exemple dans l'histoire; tantôt il prenait un ton de
menace et d'hostilité qui, dans les circonstances où
se trouvaient les deux pays, était tout à fait déplacé ;
insistant sur quelque concession impraticable ou
déraisonnable et donnant pour instruction à son
ambassadeur de déclarer la guerre à la République
ou à l'Empire; tantôt il favorisait, avec l'approbation, je le crains bien, des agents anglais, l'introduction en France des assassins complices de
George; quelquefois il se soumettait aux exigences les plus exorbitantes du gouvernement français et sollicitait de celui-ci quelque faveur personnelle déraisonnable. Il avait presque engagé
son pays dans une seconde guerre avec l'Angleterre, par une obéissance intempestive à l'humeur
plutôt qu'à la politique de Napoléon, et peu de temps
après il n'hésita pas à faire un affront gratuit à ce
grand souverain par une proclamation publique.
Puis il l'offensa d'une manière encore plus sensible
en proposant à une puissance du nord une coalition contre la France. Les Français eurent connaissance de ce plan par une correspondance qu'ils dé-
couvrirent à Berlin quelque temps après la prise de
cette ville. Ce fait est certain, bien que Napoléon, on
ne sait pour quel motif, ne l'ait jamais invoqué ni
publiquement ni en particulier comme une excuse
de son agression subséquente contre l'Espagne.

CHAPITRE VI.

Le prince des Asturies. — Son inimitié contre Godoy. — Le duc de l'Infantado. — La princesse des Asturies. — Sa fin prématurée. — Ferdinand et Napoléon. — Lettre curieuse. — Prétendu complot de Ferdinand. — Son arrestation. — Son entrevue avec le roi. — Sa bassesse. — Arrestation du duc de l'Infantado. — Son exil. — Dénoûment de son procès.

L'attention du prince de la Paix ne tarda pas à être absorbée par des occupations qui répondaient mieux à ses goûts, et qui, peut-être, étaient plus appropriées à ses talents, savoir, les disputes, les jalousies et les intrigues du palais. Il s'aperçut bien vite que le prince des Asturies, tout inexpérimenté et en apparence tout indifférent qu'il fût, ressentait contre lui une profonde aversion et l'avait en grande suspicion. Il supposait probablement, et peut-être avait-il découvert, que ces sentiments hostiles étaient fomentés dans de fréquentes communications secrètes avec des grands d'Espagne. Quelques personnages de cette classe mettaient vanité à marquer une distinction entre les honneurs nouvellement acquis du favori et les anciens titres héréditaires, bien que ceux-ci dussent très-probablement leur origine à des sources également impures. Ils prenaient grand soin de n'employer vis-à-vis du prince de la Paix, dans toute communication écrite ou dans la conversation, que ces termes cérémonieux de respect qu'un grand d'Espagne peut exiger de tout le monde et qu'il reçoit habituellement d'un inférieur; mais ils évitaient soigneusement tous les termes de familiarité ou de camaraderie que l'usage, sinon l'étiquette légale, autorise entre les personnes de même rang en Espagne. Il était pour eux *senor duque, senor principe, ussencia* ou *alteza;* jamais « *tu* » ou toute autre appellation indiquant l'intimité ou l'égalité.

Parmi ces personnages, le plus distingué était le duc de l'Infantado. Il joignait aux avantages de la jeunesse et de la naissance une fortune princière, une bonne éducation et un abord agréable. Ses opinions étaient raisonnables et viriles; il avait quelque ambition, et, jusqu'à ce qu'il eût été appelé à prendre une part active au gouvernement, on le crut doué d'une grande capacité pour les affaires, jointe à des principes qui les devaient diriger à l'avantage du pays. Peut-être est-il à regretter que, pour son éducation politique, il ait été initié aux grandes affaires par des relations confidentielles avec Ferdinand. Le caractère faux, couard et vindicatif de ce prince a contribué à rendre soupçonneux et irrésolus pour toujours ceux qui avaient à faire à lui.

A l'époque de son mariage, en 1802, un air sinistre était le seul indice qui pût annoncer dans le prince des Asturies ces odieuses qualités qui ont infligé tant de misères à ses sujets. Il montrait peu de dispositions pour l'étude et encore moins pour les jeux et les plaisirs. Rarement il témoignait la plus légère préférence ou la moindre affection pour ceux qui étaient admis à sa société. On remarqua en lui quelque peu d'aptitude pour les mathématiques, et on prétendait qu'il prenait quelque intérêt à la science des fortifications; mais, en général, on le regardait comme faible de caractère et d'esprit, et cette opinion était encouragée à la cour. On m'a assuré, en effet, que, même avant le mariage du prince et pendant une maladie de Charles IV à Saint-Ildefonse, on avait conçu le projet de l'écarter du trône, ou du moins d'ajourner son avénement pour cause d'incapacité, dans le cas où son père viendrait à mourir. D'après la même autorité, Ferdinand avait eu vent de ce projet et avait trouvé moyen d'en informer le gouvernement français. Le premier consul était sur le point d'intervenir en sa faveur, lorsque le rétablissement du roi déjoua, pour quelque temps, les projets des deux partis. Ce fait m'a été raconté plus de vingt ans après, et je pense que celui dont je le tiens se sera trompé de date ou aura confondu les événements de ce temps avec ceux d'une époque postérieure.

Pendant quelques mois, après le mariage qui fut célébré à Barcelone, en 1802, on craignit qu'il n'y eût point de descendance à attendre.. . . . .
. . . .

La mariée était une jeune femme pâle, maladive et laide, pourtant avec une expression de physionomie fort agréable et des manières d'une haute convenance. Elle perdit bien vite, ou plutôt elle ne posséda jamais l'affection de sa belle-mère. Peu de temps après que sa grossesse eut été annoncée, une fausse couche s'ensuivit, et elle fut attribuée par la rumeur publique aux mauvais traitements, ou même pis, aux expédients criminels de la reine. Il se passa peu de temps sans que la cour soupçonnât ou feignît de soupçonner la jeune princesse de galanterie. Plus d'une fois elle fut confinée dans ses appartements par ordre du roi. On a attaché de l'importance et un certain mystère à l'arrestation et au renvoi d'un jeune garde-du-corps, Sicilien de naissance, nommé Caraffa. J'ai déjà fait allusion à l'histoire et à la maladie de cet homme. C'est, je crois, vers la même époque qu'on fit entendre à la duchesse de Saint-Théodore qu'on se passerait volontiers, pour quelque temps, de sa présence à Madrid. On se donna certainement beaucoup de peine pour prouver qu'on avait découvert et déjoué une intrigue amoureuse et politique ayant pour objet d'assurer aux Napolitains l'ascendant à la cour de l'héritier présomptif. C'était une opinion très-accréditée vers la même époque (1804), que le conseil de Castille avait été consulté sur la possibilité et la convenance d'écarter Ferdinand du trône. Il aurait répondu que « l'on ne connaissait point d'autorité qui pût dépouiller de ses droits de succession un prince des Asturies dûment *assermenté, marié* et *honoré* (1). » Si une pareille tentative a réellement eu lieu, ce que je n'ai jamais pu constater (2), la réponse était plutôt conforme aux anciennes maximes de Castille et d'Aragon que bien venue à l'oreille d'un prince de la maison de Bourbon. Cette réponse faisait dériver les droits à la couronne du serment prêté devant les Cortès, ou devant une députation de ceux-ci, et limitait la jouissance de ces droits aux princes qui étaient *mariés*, et, en second lieu, *honorés* dans le pays. Ce qui impliquait qu'il y avait quelque part une autorité capable de priver de ses droits de succession un prince même assermenté, mais qui, ou n'était pas marié, ou n'était pas respecté de la nation.

La princesse des Asturies ne survécut pas longtemps à ces discussions et à ces rumeurs; la haine que le public avait vouée à la reine et au favori at-

(1) Jurado, casado y honrado.
(2) Lorsque je dis que je ne l'ai jamais pu constater, j'entends parler des détails, car quant au fait même des démarches et des négociations entreprises dans ce but, j'en ai entendu rapporter et j'en ai vu bien des preuves : entre autres un mémoire justificatif de Caballero, alors ministre de grâce et justice, qui montrait évidemment qu'on l'avait sondé, quoique sans succès, pour l'amener à prendre part au plan de dépouiller de ses droits le prince des Asturies.

tribua sans scrupule, mais aussi sans preuve ni enquête, la mort de la princesse à un empoisonnement. Elle avait toujours eu l'apparence d'une mauvaise santé, et probablement elle est morte d'une mort naturelle. Il est possible cependant qu'on ait hâté sa fin par de mauvais traitements, des vexations et des chagrins. Les dissensions de la cour ne furent pas ensevelies avec elle ; au contraire, l'inimitié entre le prince des Asturies et le favori de la reine devint plus virulente, ou du moins acquit plus de notoriété. Ferdinand communiquait ses griefs, d'abord à son ancien précepteur Escoïquiz, et ensuite, par son entremise, à plusieurs Espagnols et à quelques étrangers. A leur suggestion, ou par suite de ses propres réflexions, il conçut le projet de concerter avec l'ambassade de France les moyens de ruiner le prince de la Paix et de se placer lui-même, ou ses créatures, à la tête des conseils de l'Espagne. Il y ajouta la proposition (1) de s'allier

(1) Stanislas Girardin, homme d'une grande véracité, et ami intime de Joseph quand celui-ci était roi d'Espagne, m'a assuré que Ferdinand écrivit de sa propre main à Napoléon ou à Joseph pour les féliciter de la victoire de Tudela!!! et qu'il renouvela en même temps sa demande d'une alliance matrimoniale avec la maison de Bonaparte. Plusieurs des conseillers impériaux étaient d'avis d'imprimer la lettre dans le *Moniteur*, dans l'espoir de révolter les partisans enthousiastes de Ferdinand en leur faisant voir la lâcheté de leur chef. L'empereur fit observer que non seulement la connaissance de ce fait pouvait avoir plus tard des inconvénients, mais que l'objet immédiat de la publication ne serait point atteint à cause de cette même bassesse qu'on voulait mettre dans tout son jour.

par mariage avec la maison de Bonaparte, expédient auquel il a eu recours plus d'une fois dans sa vie. Napoléon, quels que fussent ses plans ultérieurs, ne se refusa pas à entretenir une correspondance de ce genre avec l'héritier présomptif. Il savait que les prédilections du prince de la Paix inclinaient vers l'Angleterre plutôt que vers la France. Le mauvais vouloir de ce ministre s'était manifesté publiquement, et ses manœuvres plus secrètes n'avaient pas échappé à la vigilance de la diplomatie française. Beauharnais obéissait probablement à l'esprit de ses instructions, bien qu'il en ait peut-être outrepassé la lettre, lorsqu'il encourageait les cabales du prince des Asturies et du duc de l'Infantado, et qu'il entretenait des communications suivies avec ce parti. Il est certain que cet ambassadeur était intimement lié avec eux, et plus tard Murat le soupçonnait de sacrifier les intérêts de son pays et de dévoiler les secrets de la cour aux adhérents de Ferdinand par des motifs personnels; mais il est possible, et même probable, que Napoléon ait caché à Murat une bonne partie des négociations secrètes suivies en Espagne, lorsqu'il jugea convenable de changer la marche adoptée par son plénipotentiaire. C'est un fait incontestable, que le parti de Ferdinand reposait sur une alliance intime avec la France, et que tout intérêt

Cela était trop honteux pour paraître croyable, et ne manquerait pas d'être regardé comme une fabrication mensongère. Il détruisit la lettre.

qui, dans les conseils de l'Espagne, pouvait être représenté avec quelque droit comme anglais, s'appuyait entièrement sur le prince de la Paix. Le favori n'eut pas malheureusement le courage d'avouer, ou la fermeté de mettre à exécution le système de politique qu'il aurait aimé à suivre; il ne l'eut pas même après avoir découvert l'existence des intrigues et de la correspondance secrète entre les agents français et le prince des Asturies. Néanmoins, Ferdinand fut arrêté, une garde fut placée à sa porte, à l'Escurial; ses papiers, ses portefeuilles et ses meubles furent saisis et transportés dans l'appartement du roi. La première chose qu'il fit fut d'écrire une lettre pleine de soumission à sa mère. Elle lui répondit que, comme il l'avait suspectée, ainsi que les ministres de son père, d'avoir conçu des projets contraires à ses intérêts et même à sa personne, et comme de pareils soupçons avaient été la cause ou le prétexte de quelques démarches inconvenantes, dans lesquelles elle avait pu être impliquée, la délicatesse et l'honneur lui défendaient d'intervenir avant que l'affaire ne fût suffisamment éclaircie. Elle avait pris la détermination, disait-elle, de n'adresser aucune question et de n'émettre aucune opinion, jusqu'à ce que le roi fût mis en pleine possession des preuves qu'il cherchait et qu'il eût formé un jugement impartial sur la nature et la tendance de toute cette affaire. Qu'alors, si sa colère continuait, elle pourrait intercéder pour l'apaiser, ou du moins pour protéger son enfant contre les suites fâcheuses de l'indignation royale ; mais qu'elle ne s'exposerait point aux fausses interprétations, en donnant des conseils à l'une ou à l'autre des deux parties, ou en entrant dans aucune explication sur les causes ou l'étendue de l'éloignement qu'il avait pour le gouvernement de son père et d'elle.

Après deux ou trois jours de réclusion, pendant lesquels aucune communication ne lui fut permise, Ferdinand fut amené devant ses parents. Les scellés, qui avaient été, si je ne me trompe, placés sur ses portefeuilles et ses cartons au moment où ils avaient été saisis, furent brisés en sa présence ; les papiers qu'on trouva furent lus devant lui. Deux ou trois fois, pendant le cours de cette lecture, il supplia la reine par ses regards ou ses paroles d'intervenir en sa faveur, mais elle lui signifia qu'elle voulait se retirer. Elle exprima le même désir à Charles IV, qui insista pour qu'elle restât, et ordonna avec emportement à son fils d'écouter sans interrompre ce qu'on lisait et les charges qu'on produirait contre lui, et enfin de donner des réponses et des explications aussi conformes à la vérité qu'il était capable de le faire.

Le contenu de ces papiers n'a jamais été, à ce que je crois, complétement divulgué. Un grand nombre d'entre eux étaient insignifiants, d'autres ne contenaient que des affaires de forme, quelques-uns enfin paraissaient tant soit peu suspects et inintelligibles. Parmi ces derniers se trouvait le projet d'une lettre à Napoléon qui demandait la main d'une princesse de la maison impériale, puis une autre d'une nature très-équivoque que la reine et le duc de l'Infantado m'ont dit avoir été écrite, je le crois, et signée, j'en suis sûr, de la propre main de Ferdinand : *Yo el Rey.*

Cette lettre nommait une personne (dont le nom ne figurait point dans le projet ou la copie en question) capitaine-général de la Castille, et lui ordonnait d'arrêter et d'emprisonner immédiatement le prince de la Paix. La pièce était longue, probablement conçue dans la forme officielle, et contenant l'énumération des titres et des charges des personnes qui s'y trouvaient mentionnées, conformément à l'usage des documents espagnols. Charles IV demanda à Ferdinand avec quelque véhémence comment il avait osé rédiger une pièce pareille et y apposer sa signature. Sa tête dit-il en répondrait Cela équivalait à la trahison aux yeux de la loi et au parricide dans l'intention. Il le menaça, en vociférant beaucoup, de toutes ces conséquences, à moins qu'il ne nommât à l'instant même les personnes à l'instigation desquelles il avait commis cet acte. Ferdinand, plus surpris qu'abattu, assura son père qu'il était dans l'erreur, qu'il donnait à un amusement innocent, bien qu'inconvenant peut-être, la gravité d'une affaire d'État, faisant ainsi d'une espièglerie enfantine un acte de préméditation criminelle. Ce papier, dit Ferdinand, n'était qu'un *jeu d'esprit;* il l'avait rédigé pour se divertir un soir pendant les fêtes de Noël avec sa défunte femme. Ce n'était qu'une parodie des documents officiels ou tout au plus un spécimen de l'exercice du pouvoir qu'il devait posséder le jour où il plairait à la Providence de les priver de leur père, le roi d'Espagne. La reine, qui m'a raconté à Rome, en 1814, cette scène curieuse, en présence du roi, m'a assuré que Ferdinand avait fait son récit d'une manière si prompte et si naturelle, que, sans le disculper dans son esprit de beaucoup d'autres torts, elle avait cependant été convaincue, à l'entendre, que ce papier ne faisait point partie des preuves de la conspiration dont on cherchait la trame, mais n'était en réalité que *quelque enfantillage* de son fils et de feu la princesse des Asturies. Mais le roi, plus initié qu'elle aux affaires de rang, de préséance, de promotion, s'aperçut bien vite que Godoy y était désigné par un titre qui lui avait été conféré seulement depuis la mort de cette princesse. Etouffant de colère et serrant le poing, Charles s'écria : « *Tu mientes, Fernando, tu mientes, tu me lo pagaras, si, me lo pagaras* (1). » Sa fureur alarma la reine et put certainement terrifier le prince. Mais alors survint une scène que la reine caractérisa avec grande raison comme le sublime de la bassesse, de la couardise et de la perfidie. Ferdinand tomba à genoux, fondit en larmes, avoua ses torts, mais avec de fortes promesses de se corriger ; il s'excusait en

---

(1) Tu mens, Ferdinand, tu mens. Tu me le paieras ; oui, tu me le paieras.

rejetant sa faute sur tous ceux avec qui il s'était entretenu sur ce sujet. Il exagéra la haine qu'ils portaient au prince de la Paix ; il représenta leurs plans comme allant bien au-delà du sien, et dénonça spontanément les noms de chacun d'eux en offrant de produire tout document nécessaire, et même de donner son témoignage oral pour les convaincre du crime dont ils s'étaient rendus coupables pour le servir. La reine m'assura qu'elle frémit en voyant la bassesse de ces aveux; elle ajouta que le roi était trop absorbé dans sa colère contre les conspirateurs, trop préoccupé de la punition à infliger aux coupables, pour voir sous son vrai jour cette lâche trahison de son fils, plus repoussante, si c'était possible, que tout complot dont on pouvait le soupçonner. Tel est le récit que j'ai recueilli en 1814 de la bouche de la reine elle-même, à Rome, dans le palais Barberini. Le roi, qui était présent et écoutait avec attention cette narration, en confirma la plus grande partie par ses gestes et approuva le reste par son silence. L'exactitude de ce récit a du reste été corroborée par les événements ultérieurs. Je dois faire observer en même temps que la conversation de sa majesté avait principalement pour but de justifier son indignation contre son fils. Sa narration, par conséquent, finit ici. La connaissance des événements subséquents m'est venue d'autres sources non moins authentiques, et, pour beaucoup de détails, du duc de l'Infantado.

L'ordre fut expédié de Madrid de transférer le

duc à l'Escurial, la nuit même de cette confession, et une commission y fut nommée pour le juger comme coupable de haute trahison. S'il avait été amené conformément aux ordres donnés, on l'aurait probablement exécuté à l'instant même; mais les muletiers dépassèrent, de propos délibéré, le coude où ils devaient prendre la route de l'Escurial, et conduisirent le duc jusqu'à Saint-Ildefonse avant de s'apercevoir de leur prétendue méprise. On suppose qu'ils avaient été achetés par les gens de l'ambassade française. Au demeurant, Beauharnais fit son possible pour calmer la colère du roi, pour exciter les alarmes du favori, et, s'il ne pouvait obtenir la délivrance de l'Infantado et de ses complices, pour les sauver au moins des conséquences d'une procédure criminelle intentée dans le moment de la premièreindignation. L'Infantado, après quelques semaines de détention rigoureuse, fut exilé à Ecija. Ferdinand avait réussi, lors de son arrestation, à avertir l'Infantado du danger, et le duc avait caché prudemment le papier original, signé *Yo el Rey*, et contenant sa nomination comme capitaine général de la Castille, dans une boîte en étain qui fut enterrée dans le jardin de sa mère à Chamartin, et qui y était encore lorsque cette villa devint le quartier général de Napoléon en 1809 (1). On

(1) Napoléon plaça son fauteuil dans le jardin, à l'endroit même où la boîte était cachée, le matin qui précéda son entrée à Madrid, et c'est là qu'il déroula ses cartes et ses plans devant lui.

publia une proclamation constatant l'existence d'une conspiration, et le fiscal fut chargé de dresser l'acte d'accusation contre les conspirateurs. Cependant l'absence du document original que l'on avait cherché en vain, et la crainte du scandale, plutôt que la répugnance de Ferdinand lui-même à se produire en qualité de complice, de dénonciateur et de témoin, détournèrent probablement la cour de continuer les poursuites contre le prisonnier. La circonstance sur laquelle, dans la conversation, le duc de l'Infantado appuyait surtout sa défense en ce qui concernait le document, n'aurait pas été, je présume, considérée comme une preuve suffisante de son innocence. Le document, dit le duc, avait été cacheté avec de la cire noire pour empêcher qu'on n'en fît aucun usage jusqu'après la mort de Charles IV. Ainsi, ajoutait-il, tout homme raisonnable aurait conclu de là que ce n'était qu'une mesure de précaution, qui ne devait produire son effet que dans le cas où un accident serait arrivé au roi et qui avait pour objet de protéger l'héritier de la couronne contre toute intimidation de la part de ceux qui se trouveraient en possession du palais. C'était un moyen d'annuler aux yeux du public tout acte imposé par la force et revêtu seulement du nom du prince.

CHAPITRE VII.

Intrigues du prince des Asturies. — Habileté de Napoléon. — Murat et Beauharnais. — Abdication d'Aranjuez. — Frayeur du prince de la Paix. — Il est sauvé par Ferdinand. — Ignorance de Godoy. — Géographie d'un ministre des affaires étrangères. — Trait d'humanité de Godoy. — Sa lettre à lord Holland. — Opinion du roi Charles IV sur Napoléon. — Le chevalier d'Azara. — Mot remarquable de ce diplomate.

A partir de cette époque, le palais, malgré une apparente réconciliation entre les membres de la famille royale, devint le théâtre d'intrigues, d'inimitiés et de conspirations perpétuelles ; et, en dépit des traités subsistants, en dépit des relations constantes entre la France et l'Espagne, les deux gouvernements prétendus alliés déguisèrent mal leur défiance et leur hostilité mutuelle. Ferdinand voyait dans Napoléon, dans les agents et même dans les *armées* de la France, sa seule protection contre le favori, tandis que le favori oscillait entre la politique de braver, d'éluder ou de fléchir la puissance impériale. Sur ces entrefaites, un autre parti s'était formé parmi les Espagnols éclairés, parti dont les meneurs étaient, dans un certain sens, O'Farril et Asanza. Leur intention était de profiter de la crise qui approchait et de renverser du même coup le pouvoir de Godoy et la tyrannie de l'Eglise et de l'Etat. Ils espéraient, en se servant de l'ascendant du prince des Asturies, et en faisant revivre ou en établissant des institutions réellement nationales, couper court à tous les abus pour l'avenir et élever l'Espagne dans l'échelle des états européens. Quelques personnes de ce parti avaient en effet de fortes prédilections pour la France, et s'étaient persuadées que Napoléon favoriserait leur projet, et qu'il les aiderait même à fonder la prospérité de l'Espagne sur les principes d'un gouvernement libre, pourvu que le résultat de cette transformation pût servir les projets que lui-même nourrissait contre l'Angleterre. Napoléon vit cependant très-clairement, quelles que fussent ses vues ultérieures; que, pour assurer ses propres intérêts par le triomphe d'un parti quelconque ou par la ruine de tous, il y avait une condition indispensable, la présence d'une armée française. Il profita avec habileté, d'une part, des invitations secrètes de Ferdinand, et de l'autre, des déclarations creuses et du caractère irrésolu du prince de la Paix, pour faire avancer ses troupes vers la capitale, et mettre des garnisons françaises dans les principales forteresses du royaume. Des ordres pour la réception de ses troupes furent arrachés, tantôt par artifice, tantôt par intimidation, au prince de la Paix lui-même. On prétend que dans certains cas ces ordres avaient été forgés, et que dans d'autres ils étaient accompagnés de lettres particulières écrites par Ferdinand ou par quelque chef militaire de son parti. Dans les places fortes dont les commandants étaient considérés comme ennemis du prince de la Paix, ces ordres furent obéis avec empressement, et les Français reçus comme des sauveurs et des amis. Bien qu'ils n'aient opposé de résistance sérieuse nulle part, ceux des commandants qui jouissaient de la confiance du favori montrèrent beaucoup de répugnance et de mauvaise volonté. Murat, duc de Berg, avait réellement pour instructions secrètes de prendre de force toute place dont on lui refuserait positivement l'entrée, et de marcher sur Madrid aussi promptement que possible, sans répandre, toutefois, beaucoup d'alarmes : on ne lui avait absolument rien communiqué sur le but de l'expédition. Lorsqu'il sollicita quelques éclaircissements pour sa gouverne, l'empereur lui écrivit de sa propre main quelques lignes dont voici la teneur : « Ne vous ai-je pas ordonné d'être tel jour à tel endroit, et d'arriver à Madrid avant telle époque ? Et que peut donc demander de plus un général de mon armée ? »

Ni l'empereur, ni ses agents n'avaient pu prévoir les arrangements d'Aranjuez. Ils ont pu supposer que Charles IV et sa cour se sauveraient dans l'Amérique du sud, à l'exemple du prince régent du Portugal, ou bien que Ferdinand, voulant prévenir une pareille résolution, invoquerait le secours des Français et accourrait au quartier général de ses alliés pour demander protection.

Ni Napoléon, ni ses agents ne pouvaient compter, et surtout désirer, que la chute du prince de la Paix, l'abdication de Charles IV et l'avénement de Ferdinand fussent déterminés par les Espagnols eux-mêmes. Ce sera toujours un problème pour le biographe et l'historien, que de savoir si la conduite ultérieure de Napoléon fut dictée, comme quelques-uns le supposent, par la crainte qui, d'abord, s'était emparée de son esprit, de voir un gouvernement national fort et populaire s'établir en Espagne, ou bien si, comme on le soupçonna plus généralement, c'était la poursuite d'un plan machiavélique conçu et mûri longtemps à l'avance. Il est certain que l'embarras inattendu dans lequel se trouva Beauharnais et le refus que fit le duc de Berg de reconnaître le nouveau roi, déconcertèrent et désappointèrent vivement Ferdinand et ses conseillers. Par contre, l'intérêt que prit le duc de Berg au sort du prince de la Paix, et le respect qu'il montra pour Charles IV, surprirent agréablement la vieille cour. Murat m'a assuré, en 1814, qu'il n'avait point eu d'instruction et qu'il soupçonna Beauharnais d'avoir dépassé les siennes, en soutenant le parti de Ferdinand tant avant qu'après les arrangements d'Aranjuez. Aucune découverte postérieure n'avait changé l'impression de Murat. Ses adhérents, mus peut-être par un esprit d'hostilité envers le nom et la famille des Beauharnais, continuèrent longtemps, après cette époque, à manifester des soupçons d'une nature encore plus grave contre l'ambassadeur, faisant entendre que celui-ci trahissait les intérêts du gouvernement français au profit de Ferdinand et de son parti.

Charles IV s'entretint gaîment de la détermination qu'il avait prise, le soir même du jour où il avait abdiqué. Il dit au corps diplomatique (1) « qu'il était fatigué des affaires, qu'il était déjà vieux et qu'il était convenable que son fils le déchargeât du fardeau du gouvernement. » Mais le lendemain matin il avait complétement changé de ton (2), et vingt-quatre heures ne s'étaient pas passées avant qu'il eût adressé des remercîments à Murat (3) pour avoir empêché la reconnaissance de Ferdinand, le priant d'assurer Napoléon que la crainte seule de l'anarchie et l'effusion du sang avaient pu le déterminer à consentir à l'usurpation de son fils. Le prince de la Paix avait été tiré par la populace d'Aranjuez d'une cachette où il s'était blotti d'une manière tant soit peu ignominieuse. Il fut insulté et à ce que je crois blessé dans la bagarre, mais il fut sauvé des suites plus fatales de

---

(1) Je tiens ce fait de M. de Bourke, ministre de Danemarck, qui était présent.

(2) M. de Bourke est encore mon autorité.

(3) Je tiens ce fait du comte de Mosbourg, l'ami et le confident de Murat, homme intelligent et d'une mémoire sûre.

la fureur de la canaille, grâce à l'intervention de Ferdinand. C'est le seul trait de talent, de courage et de générosité qui relève l'odieuse uniformité de sa conduite lâche et perfide. « S'il y a un homme ici, » dit-il, « qui puisse, avec plus de raison, se croire offensé par Manuel Godoy que moi-même, qu'il se fasse justice de ses propres mains; sinon qu'on me laisse agir ainsi que l'honneur et ma promesse me l'ordonnent, et qu'on s'abstienne de toute espèce de violence. »

C'est avec cette promptitude qu'il exécuta la promesse qu'il avait faite à sa mère, lorsque celle-ci, apprenant que son favori était tombé entre les mains de la populace, conjura son fils d'aller à son secours, en même temps que Charles IV l'assurait qu'il consentirait à tout pour prévenir l'effusion du sang, et surtout le meurtre du prince de la Paix. Le favori fut transporté comme prisonnier à Madrid et consigné, soit dans cette capitale, soit dans l'Escurial (à la requête, je crois, de Ferdinand lui-même), à la garde des Français. Il fut depuis envoyé à Bayonne. Pour le protéger de toute insulte, Murat le conduisit pendant une partie du chemin dans sa propre voiture. Il fut frappé, m'a-t-il dit, de la peur que trahissait cet homme, qui cachait sa tête et se tapissait dans le fond de la voiture toutes les fois qu'on rencontrait sur la route un détachement de soldats ou de paysans espagnols. Je crois ce récit parfaitement vrai. En réalité, l'irrésolution, la vanité et surtout l'ignorance de Manuel Godoy l'auraient rendu incapable d'occuper le poste de premier ministre dans la plupart des pays connus, et il faut qu'il ait possédé quelques bonnes qualités d'esprit et de cœur, qui contrebalançaient ces défauts, pour avoir gardé si longtemps le pouvoir en Espagne. Il était d'une ignorance si crasse, que le chargé d'affaires des Villes Anséatiques (1), m'a raconté que les états représentés par lui étaient souvent désignés, dans le texte des notes qu'il recevait du ministère du duc d'Alcudia (2), comme les îles asiatiques, *islas asiaticas*, au lieu de Villas Anscaticas.

La même personne m'a assuré que Godoy fut quelque temps ministre des affaires étrangères, avant de découvrir que la Prusse et la Russie étaient deux pays différents, et cela, parce que M. Saadoz, ministre de la cour de Berlin, était en même temps agent de la cour de Saint-Pétersbourg à Madrid, pendant l'absence de l'envoyé de Russie. Comme je ne veux ni amoindrir les défauts, ni pallier les ridicules de ce favori puissant, mais les faire connaître comme ils m'ont été racontés, il est juste de retracer ici quelques impressions plus favorables, que des relations personnelles passagères et quel-

---

(1) Andréoli, un Vénitien de naissance, qui était aussi secrétaire de l'ambassade d'Autriche à Madrid, et qui lui-même, tout en réunissant beaucoup de finesse à beaucoup de simplicité, était très-ignorant en fait d'histoire et de géographie.

(2) C'était le titre du prince de la Paix pendant qu'il était ministre des affaires étrangères.

ques affaires peu importantes que j'ai traitées avec lui, m'ont laissé de son caractère et de son esprit. Ses manières, quoique un peu indolentes, ou, comme disent les Français, *nonchalantes*, étaient gracieuses et pleines de charme. Quoiqu'il n'eût ni de l'éducation, ni beaucoup de lecture, sa parole était en même temps élégante et originale; et, malgré sa basse extraction, je n'ai jamais rencontré aucun autre Espagnol n'ayant jamais voyagé, dont la manière d'être présentât, au même degré, ce mélange de dignité, de politesse, de convenance et de laisser-aller qui s'acquiert ordinairement par l'habitude de la bonne compagnie. Il semblait être né pour une haute position; il aurait passé partout où il se serait trouvé, et sans aucun effort, pour le premier personnage de n'importe quel salon. Je n'ai jamais causé avec lui suffisamment pour me former une opinion de son intelligence; nos entrevues ont été des échanges de pure politesse. Toutefois, dans une affaire qui, sans avoir aucune importance pour le public, en avait une très-grande pour les parties intéressées, il ne se conduisit pas seulement avec une grande politesse à mon égard, il montra encore beaucoup de générosité et d'humanité. Un jeune Anglais, nommé Powell, s'était engagé, avant la guerre entre l'Angleterre et l'Espagne, soit avec le général Miranda, soit avec quelque autre aventurier de l'Amérique du sud, dans une expédition qui avait pour but de délivrer les colonies espagnoles. Il avait été pris. D'après la loi, il aurait dû être condamné à mort, mais sa sentence se réduisit à un emprisonnement à peu près perpétuel dans la forteresse insalubre d'Omoa. Son père, juge suprême dans le Canada, ayant appris ce malheur, s'empressa de venir en Angleterre. Malheureusement, les hostilités avaient commencé de manière à exaspérer le gouvernement et le peuple d'Espagne. Le juge était cependant décidé à essayer une démarche personnelle pour adoucir les souffrances de son fils par un changement de prison au moins, puisqu'il désespérait d'obtenir sa mise en liberté. S'étant procuré un passeport, il partit pour l'Espagne avec une lettre de recommandation que je lui avais donnée pour le prince de la Paix. Il s'était adressé à moi comme à un homme qui venait d'arriver d'Espagne et n'était point animé des sentiments haineux, ni impliqué dans les querelles qui avaient amené la rupture entre les deux pays. Le prince le reçut à Aranjuez, et, après avoir lu la lettre et entendu tout le récit de cette affaire, il engagea le malheureux père à attendre qu'il eût vu le roi. Il sortit immédiatement sans autres instances, et revint peu de temps après avec un ordre portant, non pas le changement de prison, mais la mise en liberté immédiate du jeune homme. Non content d'avoir accompli cet acte d'humanité, il ajouta avec un sourire bienveillant qu'un père venu de si loin pour obtenir la grâce de son enfant, serait probablement heureux d'être le porteur de cette bonne nouvelle, et il lui remit un passeport et une autorisation de s'embarquer à bord d'une frégate espagnole à Cadix, en partance pour les Indes occidentales.

Lorsque je vis le prince de la Paix, plusieurs années après à Vérone, il me dit avec chagrin que sa position deviendrait très-précaire si Charles IV venait à mourir, et il voulut savoir s'il pourrait trouver un asile en Angleterre. Aussitôt que j'eus appris l'événement que je craignais, en 1819, je racontai cet entretien à lord Liverpool, et je sollicitai de lui un passeport pour le prince de la Paix. Lord Liverpool me répondit que, délivrer un passeport à un étranger, c'était lui adresser une invitation, et que le gouvernement ne croyait pas devoir *inviter* le prince de la Paix à se rendre en Angleterre, mais il m'autorisa, et avec instances, à donner au prince de la Paix l'assurance que s'il venait en Angleterre, il ne serait inquiété d'aucune façon, et jouirait pour sa personne et sa fortune de toute la protection à laquelle un étranger pourrait avoir droit. La réponse du prince de la Paix, à la communication que je lui fis de cette assurance, était très-laconique et à peu près conçue dans les termes suivants : « J'ai disposé pendant plusieurs
« années des ressources d'un des plus riches
« royaume de l'Europe ; j'ai fait la fortune de mil-
« lions d'individus, mais vous êtes le seul mortel
« qui, depuis ma chute, ait témoigné quelque res-
« sentiment, ou montré quelque souvenir des ser-
« vices grands ou petits que j'ai pu rendre. Vous
« pouvez, par conséquent, juger du plaisir que

« m'a causé votre lettre. » Cependant, il ne vint pas en Angleterre (1).

Les événements de Bayonne ont été racontés avec beaucoup de détails, mais d'une manière quelque peu différente par beaucoup d'Espagnols et de Français, qui ont été témoins oculaires ou acteurs dans les scènes qui s'y sont passées. Je n'ai pas eu l'occasion d'apprendre aucun détail qui ne soit déjà connu. J'ai exposé de préférence les événements antérieurs, sur lesquels j'avais recueilli des renseignements auprès du duc de l'Infantado en Angleterre, du roi et de la reine à Rome, du roi Joachim à Naples, et d'un ou deux spectateurs intelligents, mais qui n'avaient pas été directement impliqués dans ces événements. Je l'ai cru utile, parce que l'état des partis, à cette époque, a été ou tout à fait mal compris, ou habilement dénaturé par divers écrivains et orateurs anglais qui avaient quelque apparence d'autorité. Au surplus, la connaissance plus exacte de ces événements est nécessaire, pour que l'historien futur de la guerre d'Espagne et des révolutions de la Péninsule puisse préciser les causes, et apprécier l'influence de plusieurs de ces faits sur la marche de cette lutte mémorable. Une circonstance particulière, qui touche au caractère de Napoléon dans une des phases les moins irréprochables de sa carrière, mérite d'être remarquée. L'empereur savait que le gouvernement

(1) Voyez l'Appendice n. 5.

de Charles IV l'avait défié dans une proclamation publique; il avait constaté après l'occupation de Berlin, en 1806, que ce gouvernement s'était fait le promoteur d'une coalition contre la France, et il n'ignorait point que déjà, en 1803, ce même gouvernement avait fomenté secrètement une conspiration contre sa personne, en fournissant aux complices de George des passeports pour passer les Pyrénées. Cependant, dans aucune feuille publique, ni, autant que je sache, dans aucune conversation particulière, il n'a jamais invoqué cette circonstance, soit pour motiver, soit pour excuser l'invasion de l'Espagne et le détrônement de la dynastie des Bourbons.

Plus d'une fois, en causant avec moi, Charles IV m'a parlé de Bonaparte et du peu d'inclination qu'il avait pour lui. C'était chose bizarre (1) d'entendre un homme qui avait perdu une couronne faire, en termes de blâme ou de dédain, des commentaires sur les manières, les talents et les qualités du plus grand homme du siècle qui avait gagné un empire. Il ne savait, disait Charles IV de Napoléon, ni parler, ni écrire aucune langue correctement, et lui-même se targuait de sa propre supériorité, en faisant observer qu'à Bayonne et ailleurs, il avait

(1) Peut-être pas beaucoup plus que d'entendre de grands princes et des rois qui n'ont jamais vu, ou du moins jamais gagné une bataille, parler d'un ton d'autorité des erreurs commises et de l'incapacité montrée par le plus grand capitaine du siècle, qui a gagné d'aussi brillantes victoires. Quelques-uns de mes contemporains et de mes compatriotes ont partagé, et peut-être savouré ce travers.

tenu un journal; et c'était à ses yeux un effort d'habileté et de génie dont il croyait Napoléon parfaitement incapable. Si les notes du royal exilé pouvaient être retrouvées, elles ne relèveraient pas, j'en ai peur, la réputation littéraire de la branche espagnole de la maison de Bourbon. Mais, comme Charles IV avait traversé beaucoup de vicissitudes, et qu'il avait dû connaître le secret de bien des événements restés cachés, comme d'ailleurs, quoique peu sensible, brutal, inepte et crédule, c'était néanmoins un homme véridique, il faut regretter que le manuscrit dont il tirait vanité soit tombé entre les mains du gouvernement espagnol ou romain, qui, très-probablement, l'a fait détruire. Peut-être les mémoires du chevalier Azara, qui pendant de longues années avait été ambassadeur à Londres et à Paris, et qui était un homme d'esprit et de jugement, et tant soit peu sarcastique, ont-ils subi le même sort. Ses papiers étaient encore à Paris lorsqu'il mourut à Burgos six mois après avoir quitté le service. Le gouvernement français a cherché à les garder, mais quelques-uns de ces papiers, et dans le nombre une histoire contemporaine d'Italie, ont été sauvés par son frère et emportés en Espagne. S'ils existent encore, ils doivent avoir de la valeur. Il avait l'habitude de raconter avec beaucoup d'esprit et beaucoup de précision différentes anecdotes, et il avait été à même de connaître plus d'un secret du gouvernement papal. Personne n'était plus mal disposé, par tempérament ou par opinion, en faveur de la démocratie ou de la France. Mais la guerre anti-révolutionnaire et la conduite adoptée par les vieux gouvernements de l'Europe, et par celui de l'Angleterre en particulier, le rejetèrent dans les bras de leurs adversaires. « Votre « monsieur Pitt, me disait-il en 1802, avait résolu, « je ne sais trop pourquoi, que tout étranger devait « être ou un jacobin français ou un moine du « dixième siècle. J'ai fait mon choix avec quelque « difficulté et beaucoup de chagrin ; et c'est pour « cela, que vous me voyez, moi chevalier de Malte, « serviteur de sa majesté catholique, ambassadeur « et conseiller confidentiel de S. S. le pape, couvert « de décorations et de titres bourbonniens ; vous me « voyez, dis-je, ici à l'âge de soixante ans et plus, « le chevalier Azara d'Aragon, jacobin français ! « Vous me voyez courtiser un aventurier placé à la « tête de la République, et vous inviter à dîner aux « noces de son aide-de-camp (Duroc), et tout cela, « parce qu'un ministre d'un Etat protestant, un roi « parlementaire, a décidé que tout catholique ou « Espagnol qui ne consent pas à être un fanatique, « un bigot, un moine, un vrai capucin, doit être « considéré comme ennemi de l'ordre social, du « gouvernement régulier, de la religion, et *de quoi* « *encore ?* » Certes, il y avait beaucoup de verve dans ce tableau, et la leçon qui en ressortait ne manquait ni de vérité, ni de philosophie.

CHAPITRE VIII.

Soulèvement de l'Espagne contre Napoléon. — La *junta chica*. — Situation et projets des partis. — Hommes éminents de l'Espagne. — Arguelles. — Sa mission à Londres. — Ses talents oratoires. — Sa popularité. — Matarrosa. — La Romana. — Blake. — Castanos et le général Dupont. — La Cuesta. — Don Miguel Alava et le duc de Wellington. — Le Portugal. — Un couple royal. — Le comte Funchal.

Après la bataille de Baylen et la formation de la junte centrale, je visitai de nouveau l'Espagne et cette fois avec ma famille. La junte avait été nommée avec précipitation, et les éléments dont elle se composait n'avaient pas été assortis avec bonheur. Ses membres furent expulsés d'Aranjuez avant de s'être installés dans leurs siéges, avant d'avoir clairement défini leur autorité et tracé le système de gouvernement qu'ils avaient l'intention d'établir. Je les ai vus à Séville; ils s'occupaient beaucoup trop du cérémonial, de l'étiquette et du patronage de leur nouveau gouvernement. Il y avait pourtant parmi eux d'anciens ministres et d'anciens magistrats d'une grande intégrité, de vues éclairées et de talents distingués, dont le plus éminent était don Gaspar Melchior de Jovellanos. Mais ces derniers eux-mêmes, à cause de l'âge, à cause de leurs habitudes de magistrats, se montraient observateurs par trop scrupuleux de règles techniques, incompatibles avec les exigences du moment; et ils s'alarmaient par trop facilement des mesures vigoureuses d'innovation que l'état d'un pays en révolution, et plongé dans une guerre civile, demandait impérieusement. Le choix des ministres leur fit honneur. Le vénérable Saavedra était du nombre, ainsi que Hermida, encore plus âgé que Saavedra et ministre de grâce et de justice. Celui-ci était un homme instruit, courageux et capable, bien que rempli de préjugés et capricieux. Garay, qui, tout en faisant partie de la Junte, dirigeait les relations extérieures, joignait à beaucoup de zèle et de discernement plus de connaissance du monde et d'aménité de manières qu'on n'en rencontre habituellement chez les hommes politiques de l'Espagne. Son bureau dans l'Alcazar était le lieu de réunion d'une petite société ou d'un club, nommé la *junta chica* (1), qui dirigeait la presse insurrectionnelle, et qui, dans les fonctions

(1) Le duc d'Altamira, marquis d'Astorga, était l'homme le plus petit que j'aie jamais rencontré dans le monde. Il était plus petit que bien des nains qu'on montre pour de l'argent. Il était président de la junte, et sortait en voiture avec des gardes comme un personnage royal. On l'appelait *el rey Chico*, surnom donné jadis à un roi de Grenade, et c'était par allusion à ce surnom que le petit club ou le noyau d'hommes dont je parle s'intitulait la *junta chica*.

officielles ou en particulier, déployait une grande activité pour amener la convocation des cortès, la promulgation de lois libérales et tolérantes, et l'établissement d'un gouvernement populaire.

Ce club était composé de jeunes gens doués de plus d'ardeur ou d'imagination que d'expérience et de prudence. Ils avaient puisé leurs idées de liberté dans les encyclopédistes français, plutôt que dans l'histoire de leurs anciennes institutions ou dans l'étude des besoins immédiats de leur pays. Ils étaient peut-être plus capables de manifester leur mépris des superstitions, et leur dédain des abus que de réconcilier l'Église et la noblesse avec les réformes rationnelles, et de faire concourir ces deux classes puissantes, d'abord à la conquête de l'indépendance et ensuite à l'établissement de la liberté. D'une part, les projets peu mûris de ce parti qui commençait à s'élever, de l'autre, l'hésitation également impolitique et peut-être moins honnête de la junte à convoquer les cortès, contribuèrent à élargir la brèche entre les hommes qui, par des motifs différents et même opposés, concouraient cependant à la résistance qu'on allait faire aux Français. Il en résulta que lorsque les cortès se réunirent, bon nombre de députés avaient plus à cœur la destruction des pouvoirs du clergé et la suppression des priviléges de la noblesse, que la guerre contre l'ennemi commun. D'autres se méfiaient beaucoup plus de ces projets, destinés à opérer une révolution dans l'intérieur, qu'ils ne détestaient les anciens abus ou ne haïssaient les étrangers qui menaçaient l'indépendance de leur pays. Les orateurs populaires, qui prenaient les applaudissements de Cadix, la ville la moins aristocratique et la moins dévote de toute l'Espagne, pour l'expression de l'opinion nationale, prodiguaient leurs caresses beaucoup plus au premier qu'au second de ces deux partis. Aussi tous leurs actes et même la constitution qu'ils avaient arrangée, prirent-ils un caractère peu en harmonie avec les idées et les besoins du peuple qu'ils représentaient, bien qu'ils n'aient point été coupables de ces erreurs d'une démocratie extravagante, et de ces inventions anti-monarchiques que l'ignorance ou la malice leur imputèrent quelques années plus tard dans toute l'Europe.

Les deux hommes les plus éminents parmi eux étaient don Augustin Arguelles et le marquis de Matarrosa, tous les deux natifs et députés des Asturies. J'ai connu Arguelles lorsqu'il était encore un très-jeune homme, en 1793, à Oviédo. Il vint ensuite en Angleterre en 1806 avec une mission secrète que les événements (1) de cette année l'empêchèrent d'accomplir ou d'avouer. Il resta à Londres en mauvaise santé, jusqu'à la révolution d'Espagne;

(1) Particulièrement la bataille d'Iéna; car je soupçonne, sans le savoir, que sa mission se rattachait à un projet d'alliance entre les puissances du Nord contre la France. Ce plan fut détruit par la défaite des Russes, mais la preuve d'une participation de l'Espagne à ce projet fut découverte, comme je l'ai déjà dit, par les Français à Berlin.

puis, lorsqu'il était sur le point de s'embarquer à Portsmouth pour Lisbonne, il se rencontra et fit voyage avec don Andrès de la Vega et Matarrosa, qui étaient arrivés en toute hâte des Asturies chargés d'une mission pour le gouvernement anglais, de la part des courageux insurgés de la petite ville d'Oviédo. C'était un homme qui aimait la lecture et était habitué à la réflexion; il avait étudié la littérature et l'histoire anglaises avec beaucoup de succès pendant son séjour à Londres, bien que diverses circonstances accidentelles lui eussent donné une opinion très-fausse et très-défavorable de la politique étrangère de l'Angleterre. Dès la première ouverture des cortès il acquit un très-grand ascendant sur ses collègues; il devint bientôt le meneur du parti populaire de cette assemblée. Le goût passionné pour les applaudissements, si dangereux et si séduisants pour tout orateur, et la défiance soupçonneuse qui prévaut malheureusement dans l'esprit de la plupart des Espagnols quand ils ont affaire aux étrangers, lui firent peut-être commettre beaucoup de fautes comme législateur et homme d'Etat. Toute histoire impartiale doit nécessairement charger Arguelles de la part de blâme qui lui revient pour les fautes de la constitution, pour la méfiance montrée mal à propos au duc de Wellington et aux Anglais, et pour la manière injuste et impolitique avec laquelle furent traitées les colonies de l'Amérique. Toutefois son intégrité sans tache et le sérieux plein de dignité de son éloquence, étaient généralement reconnus, même alors, et grandirent les cortès dans l'opinion de l'Europe.

Arguelles fut exposé plus tard aux plus sévères épreuves de l'adversité, et, malgré sa santé délicate, il supporta avec beaucoup d'égalité et de force d'âme les souffrances que Ferdinand, aussi inhumain qu'ingrat, infligea à ses bienfaiteurs et à ses partisans. Pendant dix-huit mois, il est resté enfermé dans une prison malsaine à la maison d'arrêt de Madrid, privé de livres, de plumes, d'encre et presque de lumière, ne voyant d'autre société que celle de son geôlier, ignorant tout ce qui se passait autour de lui, sauf le vacarme et l'ivresse des soldats de garde, ou les réclamations de ses compagnons d'infortune, Martinez de la Rosa et Manuel Quintana, qui occupaient des chambres contiguës et pareilles à la sienne. Une fois seulement il entendit le bruit du banquet royal que Ferdinand eut la brutalité de donner au-dessus des cachots, ou du moins à portée de l'ouïe des victimes de sa cruauté. Arguelles fut ensuite transporté à Melilla, forteresse sur la côte d'Afrique. La douceur relative du traitement qu'il y subit doit être attribuée à la sympathie de la garnison, à l'humanité du gouverneur et à l'intercession de ses amis, nullement à un remords de conscience de Ferdinand. La suite de la carrière d'Arguelles est bien connue. Pendant son ministère et tant que les cortès furent réunis, Ferdinand le distingua de ses collègues par une antipathie marquée, donnant ainsi la preuve de son habileté à reconnaître les qualités les plus formidables à la tyrannie, savoir : la solidité des principes, la fermeté de l'esprit et l'austérité des vertus publiques et privées.

Matarrosa était à peine âgé de vingt ans, lorsqu'il apporta dans la petite capitale des Asturies la nouvelle des massacres du 2 mai à Madrid. Il souleva, avec une rapidité sans exemple, le peuple de la principauté, et porta la nouvelle de l'insurrection en Angleterre en même temps qu'une demande de secours. C'est ainsi qu'il fut initié de bonne heure aux affaires publiques. Sa jeunesse et les services qu'il avait rendus contribuèrent, avec des facultés naturelles remarquables, à le rendre le favori des premières cortès réunies à Cadix. Il est certainement plus excusable que plusieurs de ses collègues d'avoir poursuivi comme eux la popularité d'une manière inconsidérée, et d'avoir, pendant quelque temps, préféré les vifs applaudissements du peuple à l'approbation plus réservée de son judicieux compatriote, Andrès de la Vega. Au retour de Ferdinand, il s'enfuit de l'Espagne et fut condamné à mort par contumace. Il résida en France jusqu'au rétablissement de la constitution espagnole en 1820; il devint alors d'abord un des ministres, et ensuite un membre actif et utile des cortès. L'expérience avait perfectionné ses talents et modéré ses principes sans les altérer; mais ses habitudes à Paris et ses visites fréquentes dans cette ville diminuèrent quelque peu sa popularité. Au surplus, la fortune dont il avait hérité et qu'il avait peut-être améliorée pendant son administration, l'avait rendu, comme le soldat de Lucullus, moins ardent à monter sur la brèche qu'il ne l'avait été au début de sa carrière. Il s'était en effet retiré des affaires quelque temps avant qu'on pût prévoir la guerre de 1823, et il fut consulté par le duc de Wellington lorsque celui-ci traversa Paris, en 1822, pour se rendre à Vérone. Dans cette entrevue, Matarrosa reconnut les défauts de la constitution, mais il s'éleva contre l'idée de les corriger par l'intimidation venant de l'étranger. Lorsque la guerre éclata, il se rendit en Angleterre, et, après le dénoûment fatal de la lutte, il retourna à Paris. Là, menant la vie d'un Atticus plutôt que celle d'un Caton, il échappa cependant au reproche d'avoir changé ses principes ou de s'être soumis à un ennemi au pouvoir.

La célébrité des généraux espagnols, pendant la guerre de la révolution, n'est pas suffisante pour exciter une grande curiosité sur leurs talents personnels et leur histoire; je ne suis pas non plus à même de la satisfaire. Je n'en ai connu qu'un petit nombre. Le marquis de la Romana, soldat plutôt que général, était un savant lettré et avait de l'originalité dans le caractère. Après avoir reçu une bonne éducation à Sorrèze, il s'était distingué par son courage durant la guerre, et par des aventures bizarres avec des bohémiens en compagnie de lord Mount Stuart, pendant la paix. Il avait une forte prédilection pour tout ce qui était anglais. Il retira son armée du Danemarck avec beaucoup d'habileté, et fut toujours un grand favori du soldat, parce qu'il partageait gaîment toutes ses fatigues et son antipathie contre les Français. Le général Blake, de tous les commandants des troupes, celui qui était guidé par la plus mauvaise étoile (1), était un militaire accompli, et qui sut conserver d'une manière fort remarquable une grande influence sur les officiers de l'armée espagnole, en dépit de ses constants échecs. Sa femme chercha asile à Plymouth après la prise de la Corogne. Elle se crut délaissée par le gouvernement britannique, et cette circonstance affermit le général Blake dans les préjugés qu'il avait puisés contre l'Angleterre dans son origine irlandaise. Il excitait parmi les Espagnols cette jalousie intempestive contre leurs alliés, qui longtemps empêcha et neutralisa presque tous les succès obtenus contre l'ennemi commun.

Le général Castanos avait vieilli à la cour, et s'y trouvait plus à sa place que dans les camps. Un temps très-chaud, le butin et les bagages dont les Français étaient encombrés et la présomption de

---

(1) Dans plusieurs de ses dépêches, qui sont fort bien écrites, il parle de sa *Mata Estrella*. Je possède le manuscrit de la relation qu'il a faite de sa première campagne dans la vieille Castille et la Biscaye. Le général Foy, qui a lu ce manuscrit à Holland-House, lorsqu'il se proposait d'écrire une Histoire de la guerre d'Espagne, m'a assuré que c'était l'œuvre d'un officier de grand mérite.

leur commandant, remportèrent pour lui la victoire de Baylen. Le général français Dupont eut le mauvais goût de conserver sa vanité même dans son chagrin. En remettant son épée à Castanos, il lui dit : « Vous pouvez être fier de cette journée, général, car il est à remarquer que je n'ai jamais perdu une bataille rangée jusqu'à présent, moi qui ai assisté à plus de vingt et qui les ai gagnées toutes. — C'est d'autant plus remarquable, répondit sèchement, le sarcastique Espagnol que voici la première à laquelle j'assiste de toute ma vie. »

Albuquerque, disait-on, avait montré de la capacité sur le champ de bataille. Hors de là, il n'en avait certes aucune. Les accusations dirigées contre sa conduite l'agitèrent tellement, qu'il passa trois nuits sans sommeil ni nourriture pour composer une réponse, et il mourut avec le secours du père Eliséc, médecin français, dans un paroxisme de fièvre et de désespoir.

Je n'ai jamais vu La Cuesta, Ballesteros ni O'Donnel (1). On représentait le premier comme un modèle curieux et même ridicule d'un Espagnol intraitable. Il avait quatre-vingts ans lorsqu'il fut nommé au commandement. Hautain, soupçonneux, ignorant et obstiné, mais patient dans la fatigue, aussi incapable de perfidie qu'inaccessible à la peur, observant avec une telle pédanterie les formes du point d'honneur, qu'il aurait sacrifié à une vétille,

---

(1) Abisbal.

à cet égard, ses intérêts, sa gloire et la cause qu'il servait. Il estimait qu'il y avait moins de honte à perdre dix batailles qu'à changer les dispositions une fois arrêtées, ou à concéder la moindre bagatelle touchant l'étiquette à un officier subalterne ou un allié étranger. Ballesteros, quoi qu'il fût d'abord sorti des rangs de l'armée irrégulière, partageait les mêmes idées, mais son âge le rendait plus actif ou au moins plus docile ; il se montra habile dans la guerre de partisans, et, malgré quelques apparences contraires observées par la suite, il était, je crois, animé d'un zèle sincère pour le service de son pays. Il n'en fut pas ainsi d'O'Donnel ; celui-ci tenait beaucoup plus de la nation dont il descendait que de celle au sein de laquelle il était né et avait appris le métier des armes. Il montra en effet plus de talent et eut plus de succès que tous les autres généraux espagnols ; mais il fut inconstant, intempérant et déraisonnable, ne prenant aucun souci de la vérité ni de sa bonne renommée.

Quant aux chefs de guérillas, lord Wellington avait la plus haute opinion de Mina, qui justifia cette préférence par sa conduite ultérieure. Il avait, en réalité, un grand fond de talent naturel (1) en toute chose, ainsi que beaucoup de courage, d'activité et de *coup d'œil* dans la guerre.

(1) C'est ce que les Espagnols appellent, par une locution assez bizarre, *gramatica parda*, grammaire brune, du savoir et du tact sans instruction. J'ai entendu appliquer cet éloge à Mina, et je ne puis le traduire que par talent naturel.

Le choix le plus judicieux, ou plutôt l'accident le plus heureux pour la guerre des alliés dans la péninsule fut la nomination de don Miguel Alava comme intermédiaire entre l'état-major anglais et le gouvernement espagnol. Il avait l'avantage, assez rare en Espagne, d'avoir reçu une éducation de marin. Il avait connu le service, et cependant était familier avec les usages et la manière d'être de la cour. Son courage, sa franchise et son bon naturel le mirent bientôt en faveur auprès de l'armée anglaise, et lui gagnèrent la confiance et l'amitié de lord Wellington. Il avait quelques-unes des préventions, mais aucun des soupçons de ses compatriotes. D'un tempérament impétueux, et étourdi dans la conversation, il était cependant si honnête, si naturel, si enjoué et si affectueux, que l'homme le plus réservé n'aurait pu donner moins d'ombrage que lui, qui imposait le respect et gagnait les affections de tout le monde par son intrépide sincérité et son caractère ouvert. Il fut emprisonné au premier retour de Ferdinand en Espagne, et mis en liberté seulement sur l'intervention personnelle du duc de Wellington. Il fut nommé alors ambassadeur dans les Pays-Bas, mais s'en retourna peu après, et il vivait retiré à Vittoria lorsque la constitution fut pour la seconde fois introduite en Espagne. C'est une grande bévue des gouvernements qui se sont succédé de ne pas l'avoir envoyé comme ambassadeur à Londres. Tantôt ce fut le formalisme, s'opposant à l'emploi d'un député, tantôt le désir de récompenser le duc de Frias (un singulier petit homme ne manquant pas d'esprit, mais qui n'était pas fait pour une pareille place), qui empêchèrent les ministres de faire un choix si naturellement indiqué et si utile. Alava aurait, j'en suis sûr, convaincu le duc de Wellington de la convenance et de la possibilité d'empêcher l'invasion française en Espagne. Il aurait peut-être épargné à son pays les calamités et, ce qui pis est, le déshonneur qui en fut la suite. Connaissant parfaitement les défauts de la constitution, le général Alava sentit l'ignominie qu'il y avait à la changer sous la menace de l'étranger, et adhéra noblement à la cause de son pays. Ferdinand, lorsqu'il fut transporté par lui au port de Santa-Maria, le pressa vivement d'y rester, mais Alava se méfia judicieusement de sa sincérité et lui rappela, d'une manière quelque peu brusque, qu'il avait été jeté en prison pour avoir cru autrefois à sa modération. Il se sauva à Gibraltar et s'y embarqua pour l'Angleterre. Le duc de Wellington le reçut avec cordialité et avec générosité. Les mêmes qualités qui l'avaient fait aimer de nos officiers le rendirent populaire dans la société de Londres. Il fut partout le bienvenu, excepté à la cour. Georges IV, qui portait la couronne par suite de l'exclusion des Stuarts, affecta de ne pas pardonner à un Espagnol d'avoir contribué, dans un moment de danger, à détrôner temporairement un roi, moins belliqueux que Jacques Ier, plus perfide qu'aucun des deux Charles, plus arbitraire et plus cruel que Jacques II.

Je ne sais que peu de choses sur le Portugal et les Portugais qui puissent avoir un attrait de nouveauté. Le roi et la reine, très-opposés de principes, de caractère et de conduite, avaient une aversion naturelle l'un pour l'autre. Ils n'avaient, en réalité, rien de commun que la laideur repoussante de leurs personnes et une grande gaucherie de manières. Le roi était bien intentionné, mais faible et timide; il avait une telle peur d'être gouverné par ses ministres ostensibles, qu'il devenait la victime de basses et obscures intrigues, et ses conseils étaient toujours vacillants, irrésolus et incertains. Le zèle outré de la reine pour la cause du despotisme, improprement désigné par le nom de légitimité, paraît avoir atténué l'aversion du roi pour une assemblée représentative et une forme constitutionnelle de gouvernement. La reine était vindicative, ambitieuse et égoïste, et avait un penchant très-prononcé pour toute sorte d'intrigues politiques ou amoureuses.

En général, les hommes influents du Portugal ne manquaient ni de talents ni d'instruction, mais la vanité joue chez eux le rôle d'un patriotisme plus éclairé. Ils sont animés de petites jalousies et pleins d'artifice; ils déploient plus d'astuce dans les négociations avec les Etats puissants que de sagesse dans le gouvernement de leur pays. Aranjo, un homme capable, espérait qu'en faisant des cajoleries à l'Angleterre et à la France, il éluderait les projets de toutes les deux, et il a fini par laisser le Portugal dans la possession de l'une, et abandonner son souverain et le Brésil entièrement à la merci de l'autre. Souza, comte de Funchal, désireux d'assimiler les institutions de son pays à celles de l'Angleterre, et sincèrement attaché à la maison de Bragance, réussit à passer sa vie à cabaler avec les réformistes et à les persécuter, et il perdit la faveur de son souverain en refusant le poste qui seul l'aurait mis dans la possibilité d'exécuter ses plans. Néanmoins ses idées étaient justes et éclairées; mais, avec de bonnes intentions, il prit des voies peu judicieuses et trop indirectes pour les réaliser. Il échoua donc complétement, et il eut besoin de toute sa gaîté naturelle et de son enjouement dans la conversation pour se consoler de toutes les déceptions politiques et personnelles auxquelles il se vit exposé.

CHAPITRE IX.

L'empereur François II. — Son caractère. — Le prince Metternich. — L'empereur Alexandre de Russie. — Son éducation. — Son admiration pour Napoléon. — Son rôle en 1814 et 1815. — Son gouvernement. — Sa part dans le meurtre de Paul III. — Pahlen et Woronzoff. — Czartorinsky. — Prétentions d'Alexandre à tout faire. — Sa mort.

Je n'ai jamais été en Russie, et je n'ai fait que traverser l'Autriche pendant le printemps de 1796. Les gouvernements et les hommes marquants de ces pays me sont à peu près inconnus.

Il a été de mode de parler de l'empereur François II (1) comme d'un homme doux et bienveillant,

(1) Depuis que j'ai écrit ce jugement sévère sur le caractère de l'empereur François II d'Autriche, j'ai vu Federico Confalonieri. Il a été arrêté illégalement et condamné à mort par une sentence inique vers 1825. Par un simulacre dérisoire de clémence, arraché avec quelque peine à l'empereur par l'impératrice et d'autres dames de la cour, cette sentence fut commuée en un emprisonnement rigoureux et, la plupart du temps, solitaire de quinze années dans une forteresse de Moravie! Confalonieri attribue la persécution qu'il a subie et,

qui, sans être doué de qualités éclatantes, avait des idées saines sur la justice, et une grande disposition à la rendre d'une manière impartiale et humaine. Cela est possible; mais, dans toutes les circonstances de sa vie, il a agi, au moins en apparence, comme un homme d'un caractère tout opposé. Comme il avait reçu une éducation plus philosophique qu'il n'était d'usage pour un prince, ses erreurs ne peuvent être attribuées à cette ignorance et à ces préjugés qu'on fait valoir si souvent, mais d'une manière si étrange, comme une excuse des crimes de la royauté. Au commencement de son règne, il fit emprisonner comme des sujets rebelles, au mépris de la loi ou du moins de l'u-

par-dessus tout, la sévérité inouïe et implacable de sa détention à la cruauté de deux personnes, Metternich et l'empereur lui-même. Mais il fait observer avec raison que la plus grande part du crime (et des abus de pouvoir aussi affreux sont de véritables crimes) doit, selon toutes les présomptions, retomber sur l'empereur. Le prince de Metternich a vu son pouvoir survivre à son maître, et cependant à la mort de François, Confalonieri fut immédiatement mis en liberté et obtint permission de chercher sa sûreté à l'étranger. Metternich ne se borna point à consentir à cet adoucissement, mais il se montra disposé tout d'abord, et il concourut ensuite, à adoucir quelques autres parties de la sentence. Ne laissons pas les souverains absolus profiter du bénéfice des maximes applicables seulement aux rois constitutionnels. Les actes de lâcheté et de cruauté accomplis sous leur règne sont leur œuvre et non celle de leurs conseillers ; ils sont la conséquence de cet égoïsme et de cet endurcissement que leur position engendre naturellement, et que d'ordinaire elle développe au plus haut degré.

sage des nations civilisées, ses ennemis civils ou militaires, qu'ils fussent pris avec ou sans armes à la main, et sur un territoire neutre ou hostile. Témoins, Sémonville, Maret (1), Beurnonville, Lafayette et ses compagnons.

A l'âge de vingt-deux ans, François II eut le cœur de dire à la femme de Lafayette, personne d'une vertu sans tache et accomplissant un devoir héroïque, qu'il lui permettrait de rejoindre son mari, mais à condition qu'elle ne quitterait plus jamais la prison où elle l'irait trouver. Il reçut les papiers des envoyés français à Rastadt, assassinés dans le rayon de ses opérations militaires, sans insister sur la découverte ou la punition des assassins. Quant au mariage de sa fille, il faut admettre cette alternative, ou qu'il ait consenti à sacrifier son enfant à une politique couarde et pour favoriser un usurpateur et un tyran, ou bien qu'il ait lâchement abandonné et détrôné un prince qu'il avait choisi pour son gendre. Il sépara sa fille du mari qu'il lui avait donné et aida à déshériter son petit-fils, issu

---

(1) Les deux premiers, chargés d'une mission diplomatique, furent arrêtés sur un territoire neutre; et pendant leur captivité de vingt-deux mois, ils furent traités souvent plutôt comme des malfaiteurs que comme des prisonniers de guerre, quoique, en réalité, ils ne fussent ni l'un ni l'autre. Ils furent même chargés de fers. On devrait toujours se souvenir que ces crimes furent commis, non pas dans des pays en état de guerre civile ou de révolution, mais dans des monarchies héréditaires et bien assises, qui faisaient profession de combattre pour la cause de la religion, de la société, de la loi et de l'ordre public.

d'un mariage qu'il avait approuvé et, à ce que je crois, sérieusement recherché. Pour éloigner de l'esprit de cette même fille le souvenir de son époux détrôné et exilé, mais dont la conduite envers elle était irréprochable, on prétend qu'il encouragea et même combina lui-même les moyens de la rendre infidèle. Différant en cela de son oncle et de son père, il arrêta le génie et restreignit les libertés de ses sujets italiens. Et cependant les alternatives d'usurpation et d'abandon, d'échange et de recouvrement qu'il fit subir à ses possessions italiennes, avaient dû apprendre à leurs habitants à ne considérer l'obligation de la fidélité au trône que comme une question de pure convenance. L'empereur doit avoir acquis la conviction qu'il a lui-même servi d'instrument pour dissiper les illusions qu'il s'est efforcé plus tard d'imposer à l'humanité en usant des voies de rigueur.

Le prince Metternich porte, sans aucun doute, une part de l'odieux qui s'attache à de pareilles mesures ; mais il est injuste d'acquitter le principal coupable pour charger le complice (1). Ce ministre, qui, dans l'origine, fut un partisan de la faction française et un des instruments de Napo-

---

(1) J'ai entendu remarquer, et je crois avec raison, que l'empereur a passé, pendant son long règne, pour un homme faible, de peu d'esprit, mais d'une assez bonne pâte, et que cette réputation était fort imméritée à tous égards. C'était un homme de quelque intelligence, de peu de cœur et sans aucune justice.

léon, soutint, après la chute de ce grand prince, le système qui lui succéda. Il ne paraît pas avoir justifié par un génie supérieur cet ascendant dans les conseils de son pays et des nations voisines, que le bruit général lui a attribué pendant quelques années.

Dans les très-courts rapports que j'ai eus avec lui, il m'a paru peu supérieur à la moyenne des hommes politiques et des hommes de cour du continent, et évidemment inférieur à l'empereur Alexandre de Russie dans toutes les qualités qui peuvent donner de l'influence dans les grandes affaires. L'opinion contraire a été soutenue à ce sujet par quelques-uns de ceux qui admettent cette maxime avilissante, mais trop répandue, que le mépris de la vérité est utile et nécessaire dans le gouvernement des hommes. Les manières du prince de Metternich passent pour être insinuantes. Je n'en ai pas été frappé pendant la courte connaissance que je fis de lui à Londres ; elles m'ont paru, comme on pouvait s'y attendre, celles d'un Allemand qui avait étudié la vivacité française dans un roman fashionable du jour. Je n'ai pas surpris en lui beaucoup d'indices, ni d'un homme d'Etat sagace et observateur, ni d'un homme de cour habitué à une société très-recherchée et très-éclairée (1).

(1) Les dépêches et les documents officiels émanés de lui (j'écris cette note en 1837) ont pris le caractère de dissertations subtiles et élaborées sur le droit public, ou d'amplifications dans lesquelles la rhétorique arrive jusqu'à la pédanterie.

CHAPITRE IX. 133

Les manières de l'empereur de Russie, Alexandre, étaient peut-être sujettes à une pareille critique. Mais il était facile de voir que ce prince était bien élevé et qu'il avait un vif désir de plaire, inspiré non pas uniquement par la vanité, mais par un sentiment plus élevé, celui du devoir, et par un bon naturel. Napoléon, qui s'était trop fié à l'ascendant qu'il avait acquis autrefois sur l'esprit de ce souverain, l'accusa, lorsque celui-ci se fut émancipé de sa surveillance, d'une astuce et d'une duplicité sans égales (1). *C'est un véritable caractère grec*, dit-il à lord Ebrington à l'île d'Elbe, mots qui dans la bouche d'un Corse signifient le comble de la perfidie et de la ruse. Mais la versatilité et l'inconstance ne sont pas nécessairement des preuves de duplicité.

La position où Alexandre fut placé par sa naissance et l'éducation qu'il reçut de Laharpe étaient

(1) Pozzo di Borgo était loin de traiter comme Bonaparte la conduite d'Alexandre de duplicité grecque; néanmoins, il était d'accord avec son compatriote pour regarder ce prince comme ayant joué perpétuellement un rôle. Alexandre, disait-il, n'avait jamais été la dupe de Bonaparte; il s'était toujours défié de lui et avait toujours eu en vue la destruction de sa puissance. Malgré ce témoignage, je persiste dans mon opinion, et je crois que l'admiration et le dévouement d'Alexandre furent quelque temps sincères. Plus d'un fait a prouvé, dans le reste de sa carrière, qu'Alexandre était capable d'éprouver de tels sentiments; et il ne serait pas étrange qu'on renouvelant amitié avec l'ennemi acharné de Napoléon, il se fût défendu d'avoir été jamais la dupe de l'empereur. C'était la conduite que devait très-naturellement tenir en pareil cas un caractère faible.

infiniment au-dessus de la portée d'intelligence dont la nature l'avait doué. Une pareille disproportion entre la capacité naturelle et les acquisitions accidentelles d'un esprit peut bien produire quelque peu de confusion et de déréglement. De plus, l'empereur avait une teinte romanesque et une certaine prédisposition organique au dérangement de l'esprit, prédisposition que la possession d'un pouvoir illimité et les vicissitudes des grandes affaires manquent rarement de développer. Je ne doute presque pas que son admiration pour Napoléon n'ait été sincère, et ne se soit mêlée chez lui à quelque idée que la Providence avait créé l'homme du siècle pour être son soutien et son guide. Aussi lorsque au théâtre d'Erfurt il l'éveilla et saisit sa main avec enthousiasme en entendant réciter ce vers :

« L'amitié d'un grand homme est un bienfait des dieux (1), »

il ne rivalisait pas de talent avec le grand comédien qui venait de prononcer cette maxime, mais il donnait honnêtement, et sans affectation, un libre cours à des sentiments qui étaient alors les siens. C'est toutefois à cette mémorable entrevue qu'Alexandre commença à être quelque peu alarmé des projets, et blessé de la conduite de Napoléon.

(1) Le maréchal Soult, qui était dans cette salle et qui fut témoin de cette scène, m'a dit que Napoléon était ou à moitié assoupi ou absorbé dans ses réflexions quand Alexandre saisit sa main et lui dit que ce beau vers semblait fait pour lui-même, etc.

CHAPITRE IX. 135

Talleyrand, donnant aux intérêts de la paix une préférence sujette à critique sur l'accomplissement des devoirs de sa position officielle, se hasarda à informer secrètement l'empereur de Russie (1) que l'objet de l'entrevue était de l'engager dans une confédération contre l'Autriche. Il alla même jusqu'à lui conseiller d'éviter de venir à Erfurt, ou, s'il le faisait, de résister avec fermeté aux instances de Napoléon au sujet de la guerre contre cette puissance. Après son arrivée, le czar eut de fréquentes occasions de s'entretenir avec Talleyrand, et les sentiments de ce ministre, extrêmement flatteurs pour Alexandre (2), n'étaient pas de nature, ni n'avaient peut-être pas pour but d'affermir ou de perpétuer sa confiance en Napoléon. Quelques difficultés, qui allèrent jusqu'à l'altercation, eurent lieu; et, bien que, selon toute probabilité, Alexandre n'ait pas changé son opinion, et que certainement il n'ait pas changé ouvertement sa politique, il quitta cependant Erfurt moins satisfait de son illustre allié et moins intimement attaché à la politique de celui-ci qu'il ne l'était avant son arrivée. La prédilection d'Alexandre pour Napoléon n'en

(1) Je tiens ce fait d'un ami sincère et exact, mais indiscret, de Talleyrand.
(2) Quand les conférences d'Erfurt furent terminées et qu'on amena à la porte du palais les deux carrosses qui devaient transporter les deux empereurs chacun dans leurs domaines, et par suite en deux directions différentes, Talleyrand dit tout bas à Alexandre, comme il descendait l'escalier : « Ah ! si votre majesté pouvait se tromper de voiture ! »

continua pas moins, et il fallut une nécessité irrésistible pour détacher ce prince de la politique imposée par Napoléon, et pour amener la rupture entre la France et la Russie. Si Napoléon avait été plus sage dans ses projets, ou s'il avait exigé d'une façon moins péremptoire l'exécution de toutes les conditions onéreuses des traités qu'il avait imposés à la Russie, il aurait probablement conservé l'ascendant qu'il avait acquis sur l'esprit et les conseils d'Alexandre. D'un autre côté, si Alexandre avait été réellement et littéralement aussi puissant que son titre d'*autocrate* le ferait supposer, il ne serait pas retombé, après la prise de Moscou, dans ce même état de dépendance auquel il s'était soumis après les conférences de Tilsitt.

Les remontrances de ses alliés et particulièrement de Bernadotte, la résolution de l'armée (1) de n'acquiescer à aucune paix qu'il pourrait signer, manifestée d'une manière non équivoque, les murmures de la noblesse et même de sa propre famille, fortifiés d'une infinité de circonstances impossibles à maîtriser, l'emportèrent enfin sur ses inclinations, l'arrachèrent aux conseils pusillanimes et le transformèrent contre son gré et contre sa nature

---

(1) J'en ai pour garant sir Robert Wilson, dont le témoignage m'a été confirmé par plusieurs personnes et par une foule de circonstances. On peut ajouter que c'est depuis lors que le spirituel, l'habile, l'insinuant Pozzo di Borgo employa activement toutes les ressources de la persuasion et de l'intrigue pour brouiller irréconciliablement Alexandre avec Napoléon.

en conquérant et en héros. Mais j'ai déjà expliqué ailleurs les événements de ces temps-là (1). Le changement rapide de la fortune a dû convaincre Alexandre qu'aucune destinée immuable n'avait enchaîné la victoire au char de l'empereur des Français. Il est pardonnable et même aimable en lui d'avoir été ébloui par la popularité qui, à la première occupation de Paris en 1814, vint récompenser l'affabilité de ses manières et la modération relative de ses conseils. Il fallut à ce moment tout le talent de persuasion et toute l'adresse de Pozzo di Borgo (et peu d'hommes possédaient à un plus haut degré ces deux avantages), il fallut aussi la coïncidence de circonstances fortuites, pour faire consentir Alexandre à la restauration forcée des Bourbons. Lorsque je le vis en Angleterre, plusieurs mois après, il était épris de ce qu'il appelait les *idées libérales* (2). Il ne les avait pas encore ra-

(1) Voyez le chapitre VII de la première partie de mes Mémoires manuscrits.

(2) Alexandre ne se bornait pas à tenir un langage libéral ; il cajolait à ce moment « le parti libéral » d'une façon qui prouve ou bien une grande légèreté et une grande mobilité d'esprit, ou bien des défauts d'une nature plus fâcheuse, semblables à ceux que Rulhières, dans son *Histoire de Pologne*, met au nombre des ressources principales de la politique russe. Lafayette m'a dit qu'il rencontra Alexandre chez madame de Staël ; Alexandre prit le général à part et se plaignit des préjugés étroits et de la mauvaise conduite de *vos Bourbons*. Lafayette répondit que les Bourbons n'étaient pas *siens*, et exprima l'espoir que le malheur et l'expérience les avaient corrigés de leurs erreurs. — « Du tout, reprit le philosophique empereur des Moscovites, ils ne sont ni corrigés ni corrigi-

menées à des *idées nettes*, soit dans sa conversation, soit dans son intelligence, mais elles lui suggérèrent la pensée d'imposer des constitutions représentatives aux autres pays et même de préparer le sien à recevoir quelques réformes tendant vers ce but. L'atmosphère de Vienne et les discussions au sujet de la Pologne ne tardèrent point à ralentir son ardeur de popularité. L'étonnement, l'indignation et la peur causés par le retour inopiné de Napoléon en 1815 le placèrent à la tête du parti opposé, dans la guerre et les traités qui suivirent. Un mélange de politique et de superstition fit naître l'idée de la sainte alliance. Alexandre amalgama des idées mystiques sur un devoir imposé par Dieu avec des projets de politique profane, de tyrannie et d'ambition.

Il était alors dominé, jusqu'à un certain point, par une dame livonienne, madame Krudner, qui, après avoir acquis de la célébrité dans ses jeunes années par la beauté de sa personne et la liberté de sa plume, était devenue une visionnaire et une

---

bles. » Lafayette, quoique peu soucieux de prolonger cette conversation, ne put s'empêcher de demander à Alexandre pourquoi, avec cette opinion de l'incapacité des Bourbons, il en avait fait présent à la France. — « Ce n'est pas moi, reprit Alexandre, ils sont venus comme *une inondation*, l'un de Nancy, l'autre d'Angleterre. » Ce dernier point était inexact. Cette anecdote semble certainement attester chez Alexandre l'envie de se créer aux yeux des libéraux un mérite auquel il n'avait aucun droit; et cela s'accorde avec l'opinion de Napoléon sur la duplicité du czar.

prêcheuse et, prétendait-on, s'était imaginé qu'elle
pouvait deviner les intentions de la Providence.
On obtint bientôt, il est vrai, d'Alexandre qu'il
éloignât cette dame de sa présence, mais il demeura la dupe et (peut-être n'avait-il jamais été
exempt de pareilles illusions) d'une prétendue action surnaturelle sur les événements de ce monde et
particulièrement sur sa propre conduite (1). Il écrivit, par exemple, de sa propre main, une lettre d'invitation à une femme dans les Pyrénées, ignorante
et visionnaire, qui prétendait posséder le don de
prophétie (2). D'autres traits de crédulité et de superstition m'ont été racontés par des personnes
bien au courant des secrets de la cour. Un respect
maladif pour Napoléon le fit adhérer longtemps à
la politique connue sous le nom de *système continental*, qui était en opposition avec les vœux et les

(1) Talleyrand m'a dit (le 18 octobre 1830) que Louis XVIII
refusa de consentir à un mariage entre le duc de Berry et une
sœur d'Alexandre, dans la conviction que la folie était héréditaire dans la famille impériale de Russie.

(2) Son nom était *madame Bouche*. Elle prétendait avoir vu
l'archange Saint-Michel. Elle fut transportée à Saint-Pétersbourg et y resta pendant quelque temps logée et nourrie aux
frais de l'empereur. Je ne suis pas tout à fait sûr du fait qu'il
lui ait écrit de sa propre main, bien que cela m'ait été affirmé. On m'a assuré depuis qu'un agent ou un ambassadeur
fut chargé de lui écrire et de lui fournir les moyens de se
rendre à Saint-Pétersbourg. Ces détails ne sont pas essentiels,
la partie principale de cette anecdote est vraie, Alexandre a
consulté madame Bouche. Elle était âgée de plus de cinquante
ans, et il ne l'avait jamais vue avant de l'envoyer quérir.

intérêts de ses sujets. Un sentiment honnête, mais peut-être également maladif de devoir, lui fit épouser le principe connu sous le nom de *légitimité*, et qui exigeait le sacrifice des préventions nationales et l'abandon du projet favori du cabinet russe au profit de la conservation de l'empire turc, cet ennemi naturel de son pays, ce persécuteur de sa religion.

Si, dans le gouvernement intérieur de son vaste empire, Alexandre ne fut pas toujours judicieux et conséquent avec lui-même, au moins fut-il toujours pur de toute tache d'injustice, de cruauté ou de vengeance; ce qui n'est point un médiocre éloge pour un homme qui posséda, pendant près d'un quart de siècle, un pouvoir illimité sur plusieurs millions de ses semblables, et dans un pays accoutumé et familiarisé avec les iniquités et les atrocités de tout genre de la part de ses maîtres. L'accusation d'avoir trempé dans le meurtre de son père n'a jamais été prouvée et, selon toute probabilité, n'est pas littéralement exacte. Qu'on doive, pour lui appliquer les maximes rigoureuses de moralité politique, qu'il affectait d'imposer aux autres, le regarder comme ayant accepté en quelque sorte ce meurtre, cela ne peut être valablement contesté. Non seulement il ne refusa pas la couronne qui lui fut dévolue par suite d'un crime, mais il laissa les criminels sans les poursuivre ni les punir. Il éleva même quelques-uns d'entre eux, par exemple Bennigsen, l'assassin réel, à des commandements importants et qui impliquaient une grande confiance. Pahlen, son principal conseiller, savait très-certainement (1), et très-probablement l'avait informé qu'un projet était sous jeu qui tendait à forcer Paul à abdiquer ou à accepter de grandes restrictions à son autorité. Si tous les deux n'eurent pas connaissance des détails, cette ignorance ne fut que l'effet de la prudence, de la délicatesse et de leur propre volonté qui les empêcha de s'instruire. Les noms des conspirateurs leur étaient connus. Alexandre, quoique jeune, n'était pas tellement étranger à l'histoire et aux usages de son pays, ni tellement dépourvu de sagacité, qu'il ne pût se douter du résultat fatal d'une conspiration heureuse contre un autocrate. Il devinait le but où l'on tendait, il suivait de l'œil la marche du complot, il connaissait la violence qui se préparait, mais il consentait à recueillir les fruits de la catastrophe.

D'un autre coté, avant de passer condamnation sur lui, il nous faut bien peser les différentes circonstances qui viennent s'offrir comme excuse ou comme palliatif de ce degré de complicité qu'on peut lui attribuer. D'abord il avait des motifs de craindre sérieusement non seulement pour sa propre sûreté, mais aussi pour celle de sa mère qu'il aimait

---

(1) J'en ai eu la *preuve* d'un homme intègre qui était dans la confidence de Pahlen, et j'ai appris de la même personne, sur la conspiration, l'assassinat et ses conséquences, beaucoup de détails que j'ai consignés dans mes Mémoires et qui ont été depuis confirmés par d'autres témoignages.

tendrement. Il était tous les jours témoin des maux infligés à différents individus par la frénésie de Paul, et il ne pouvait ignorer qu'elle menaçait de précipiter tout l'empire dans le trouble et la ruine. La justice et l'humanité réclamaient l'extirpation d'un fléau qui prenait d'aussi vastes proportions et faisait d'aussi rapides progrès. Il n'y a pas de moyens pour tempérer les excès du despotisme; la violence seule peut les réprimer. Ceux, par conséquent, qui se trouvent en contact avec de pareils désordres doivent être, en principe et dans la pratique, plus familiarisés avec les remèdes énergiques, et ils sont plus pardonnables s'ils les appliquent, que les personnes qui n'ont point affaire à des maux aussi cruels. L'assassinat d'un empereur, même par les membres de sa famille, n'est point chose extraordinaire en Russie ou en Turquie. Il ne peut pas, il ne doit peut-être pas y inspirer la même horreur que dans les pays plus policés et plus civilisés. L'acquiescement ou même la participation à un complot d'assassinat n'est pas un crime de la même noirceur dans les contrées despotiques que dans celles où la force de la loi et la douceur des mœurs rendent ces expédients sanguinaires peu fréquents et inutiles. Si Alexandre avait dénoncé le complot, ou si même il en avait tout simplement empêché l'exécution, il n'aurait fait, en réalité, qu'ajourner l'événement, d'ailleurs inévitable. Selon toute probabilité, ou il serait, dans l'intervalle, tombé victime des soupçons de son père, ou il aurait finalement partagé son sort pour assurer l'impunité des conspirateurs.

De pareilles scènes soulèvent, à juste titre, l'indignation des honnêtes gens, toutefois cette indignation s'adresse moins encore aux acteurs de ces drames sanglants qu'au système qui produit, et en quelque sorte exige de pareils forfaits. Il a été de mode, dans ces dernières années, et cela avec la vive approbation du prince en question, de considérer la légitimité et le droit héréditaire au pouvoir comme à peu près synonymes. Mais si la légitimité signifie quelque chose, elle implique nécessairement le respect et la vénération pour la loi. Or, il n'y a point de forme de gouvernement dans laquelle les lois de Dieu et de la nature soient aussi nécessairement violées, et les lois de l'humanité aussi fréquemment foulées aux pieds que dans le despotisme héréditaire.

Dans les premières années du règne d'Alexandre, le comte Pahlen avait une grande influence sur ce prince; mais le comte Woronzoff découvrit au jeune souverain la triste opinion que ce ministre s'était formée des talents de son maître, et que dans la confiance de l'amitié il avait imprudemment communiquée à son compatriote à Londres. Pahlen fut congédié. On répandit sourdement le bruit que la part qu'on soupçonnait Pahlen d'avoir prise au complot qui avait coûté à Paul le trône et la vie, rendait sa présence au pouvoir peu délicate et même blessante, et ce bruit servit à masquer le vrai motif de son éloignement. Czartorinski, qui lui succéda, était aussi distingué par ses talents que par le désintéressement pur et élevé de son caractère. Son ministère ne fut pas heureux, mais il n'a pas peu contribué à faire entrer dans l'esprit de l'empereur, de l'impératrice et même de toute la cour, sur le gouvernement tant de la Pologne que de la Russie, des idées plus élevées et plus éclairées que celles qui avaient dominé jusqu'à lui dans le cabinet de Saint-Pétersbourg. C'est à lui, après Laharpe, que la Russie et le monde sont surtout redevables des bienfaits qui dérivèrent des principes d'humanité déposés dans l'esprit d'Alexandre. Mais Czartorinski était un Polonais, en butte à la jalousie et aux soupçons des Russes, et peut-être trop préoccupé, pour un homme prudent, d'assurer la prospérité et de redresser les griefs de son pays natal. Il perdit son influence dans les conseils, mais non pas ses titres à l'affection d'Alexandre, lorsque la coalition de 1805 échoua. Après la paix de Tilsitt, il se retira des emplois publics et probablement ne gagna pas les bonnes grâces de la cour de Saint-Pétersbourg par le zèle et les efforts sérieux qu'il fit pour le rétablissement de la Pologne, lors de la reconstitution de l'Europe en 1814.

Alexandre, cherchant à imiter Napoléon, imagina vainement qu'il pouvait diriger toutes les branches des affaires publiques dans ses vastes possessions. Ses intentions étaient pures, son impartialité incontestable; mais il n'avait ni assez de sagacité, ni assez de connaissances pour se garantir contre les conséquences de faux rapports, et les erreurs de l'ignorance. Son assiduité fut en réalité assez grande pour ébranler sa santé et porter atteinte à ses facultés mentales; mais elle ne fut nullement à la hauteur de la masse d'affaires qu'il avait à résoudre. Des délais équivalant presque au déni de justice devinrent fréquents. Les griefs réels s'accumulaient, les murmures et les plaintes (1) allaient en croissant vers la fin de sa vie. Si son avénement au trône a montré combien le pouvoir sans limites donne peu de sécurité aux princes, son administration a prouvé que les meilleures et les plus rares qualités d'un souverain ne suffisent point pour assurer la prospérité d'un peuple sou-

(1) A aucune époque, Alexandre n'eut en Russie ni autant de popularité, ni autant de sécurité que la gloire apparente de son règne a dû le faire croire, ou qu'on se l'est figuré à l'étranger. Le maréchal Soult m'a dit qu'à Tilsitt, il avait été informé d'une conspiration très-étendue contre Alexandre, dans laquelle était impliqué Bennigsen, l'assassin de son père, et commandant de l'armée. Soult, avant de consulter son gouvernement à ce sujet, dévoila le tout dans une lettre particulière adressée à Alexandre et nomma les conspirateurs. Il m'a montré la réponse qu'il avait erçue de la propre main d'Alexandre. Celui-ci remercie très-chaudement Soult de ses renseignements, parce que, dit-il, ils lui seront très-utiles, bien qu'il ne croie pas l'affaire *tout à fait si conséquente* que le maréchal le suppose. Soult ajouta, avec quelque amertume, que cette lettre paraîtrait un jour, accompagnée d'une autre dans laquelle ce même Alexandre lui a refusé un asile dans ses États.

mis au système insensé qui, en vertu du droit de naissance, investit le prince de tout le pouvoir dans l'État.

Des intelligences aussi prodigieuses que celles d'un César ou d'un Napoléon semblent, à première vue, faire exception à cette règle. Mais où donc et quand des Césars et des Napoléons sont-ils nés et ont-ils été élevés dans un palais? N'est-il pas évident que si ces deux hommes prodigieux, doués d'une intelligence à la hauteur de l'énorme tâche qui leur était dévolue de gouverner de grandes masses humaines par leur seule volonté et leur bon plaisir, n'avaient pas eu d'autres qualités nécessairement associées à l'activité de leur esprit et à l'ardeur de leur génie, ces dons eux-mêmes, faute d'être contenus par la loi, auraient détruit et plus que balancé les avantages que la vigilance et la sagacité de ces grands hommes pouvaient procurer à l'humanité?

Ceux qui parcourront les pages suivantes, tracées par une plume qui n'est certes pas hostile, reconnaîtront probablement l'exactitude de ces réflexions, même dans les simples esquisses que j'ai pu conserver de l'homme le plus prodigieux de l'époque à laquelle se rapportent mes notes. Je veux parler de Napoléon Bonaparte.

CHAPITRE X.

Lettres d'Hudson Lowe à lady Holland. — Legs fait par Napoléon à lady Holland. — Rapports de Napoléon avec lord et lady Holland. — Projets des alliés contre Napoléon. — Influence de ces projets sur son départ de l'Ile d'Elbe. — Conduite du gouvernement anglais envers son prisonnier. — Ridicule et odieuse défiance des autorités anglaises. — Leur adoucissement trop tardif.

L'empereur Napoléon mourut à Sainte-Hélène le 5 mai 1821. Quelques heures avant que la nouvelle en fût généralement connue à Paris, un billet au crayon fut laissé à ma porte. Il était sans signature ni date, était adressé à lady Holland et lui apprenait l'événement en peu de mots (1), mais avec un sentiment de tristesse. Cette nouvelle fut apportée de Calais par le télégraphe. Quelques jours après, lady Holland reçut les deux lettres suivantes de sir Hudson Lowe :

(1) Ce billet était, je crois, ainsi conçu :
   « Le grand homme est mort. »
Voir Appendice n. 4.

Sainte-Hélène, le 6 mai 1821.

« Chère Madame,

« L'intérêt compatissant que votre seigneurie a
« montré avec tant de constance, et d'une manière
« si généreuse, pour l'homme remarquable qui a
« été pendant si longtemps placé sous ma garde,
« m'impose le devoir de saisir la première occa-
« sion, pour vous annoncer qu'il a rendu le der-
« nier soupir hier soir, à environ 6 heures moins
« 10 minutes. Les rapports publics me dispensent
« d'entrer dans des détails particuliers sur les cau-
« ses de sa mort. Son père a succombé au même
« mal, un cancer squirrheux de l'estomac près de
« ce qu'on appelle le pylore. Le sauver dépassait
« le pouvoir de la médecine. Tous les secours que
« pouvaient fournir les ressources de cette île lui ont
« été donnés. Il a semblé avoir conscience de l'ap-
« proche du moment fatal, et n'a voulu recevoir
« les visites que d'un seul Anglais exerçant la mé-
« decine, en sus de celles de son médecin ordinaire,
« le professeur Antommarchi. Il est mort sans pa-
« raître souffrir de grandes douleurs. En vous
« priant de vouloir bien présenter mes respects à
« lord Holland, je suis de votre seigneurie le plus
« obligé et fidèle serviteur.

« *Signé* H. Lowe. »

À la très-honorable lady Holland.

Sainte-Hélène, 15 mai 1851.

« Chère Madame,

« En visitant les effets laissés par Bonaparte, en
« compagnie du comte Montholon et du valet de
« chambre Marchand, j'ai remarqué deux taba-
« tières en or ouvré, dont une avec un camée de
« grande dimension enchâssé dans le couvercle,
« représentant une chèvre qui porte sur son dos
« un faune, et qui broute des grappes suspendues
« à un ceps de vigne. Le comte Montholon m'a dit
« que c'était un présent fait à Bonaparte par le
« pape Pie VII (1), lors de la paix de Tolentino.
« L'autre tabatière était d'un travail plus simple et
« ne portait que la lettre N gravée ou plutôt in-
« cisée avec la pointe d'un instrument tranchant.
« Après avoir passé quelque temps à inspecter di-
« verses autres choses dans l'appartement, je suis
« retourné à l'endroit où se trouvaient les tabatiè-
« res, et, prenant dans mes mains la première des
« deux pour admirer la beauté du camée, j'en ai
« soulevé le couvercle, et j'ai aperçu une carte
« coupée de manière à en couvrir exactement le
« fond, avec les mots suivants écrits de la propre
« main de Bonaparte : *L'empereur Napoléon à lady*
« *Holland, témoignage de satisfaction et d'estime.*
« Au dos de la carte étaient écrits d'une autre main
« les mots suivants : *Donnée par le pape Pius VII,*

(1) *Sic*, dans le manuscrit, par erreur, au lieu de Pie VI.

« *à Tolentino*, 1797 (1). Le comte Montholon et
« Marchand ont exprimé tous les deux leur sur-
« prise de la découverte que je venais de faire (2),
« et m'ont dit qu'ils ignoraient qu'une carte pa-
« reille se trouvât dans la boîte. Le comte Montho-
« lon a ajouté cependant qu'il avait été chargé de
« présenter la boîte à votre seigneurie. Quant à
« l'autre tabatière avec la lettre N, le comte Mon-
« tholon m'a dit qu'il avait ordre de la remettre
« au docteur Arnott. J'ai informé lord Bathurst de
« l'existence de ces legs.

« En vous priant de vouloir bien présenter mes
« respects à lord Holland, je suis de votre seigneurie
« le plus obligé et le plus fidèle serviteur.

« *Signé* H. Lowe. »

Le legs annoncé dans la lettre qui précède, et qui, quelques mois après, fut délivré en grande cérémonie à lady Holland à Holland-House, par les comtes Montholon et Bertrand (3), fut mentionné

(1) On aurait dû dire Pie VI.

(2) Je ne suis pas sûr que sir Hudson Lowe n'ait pas entendu dire par là que s'il n'avait pas fait cette *découverte*, la boîte ne serait jamais parvenue à destination. Du moins quelques paroles de lui pouvant signifier à peu près cela m'ont été répétées. Mais le legs est inséré et décrit dans le testament. C'est même le premier ou à peu près le premier article de cet acte. Toute insinuation tendant à faire supposer un désir ou une intention quelconque de vouloir dépouiller lady Holland de cette boîte serait aussi mal fondée que perfide.

(3) Ces deux messieurs vinrent en uniformes de l'Empire. Quelle réflexion étrange et mortifiante pour l'orgueil humain de voir que ceux, qui s'étaient dévoués à un homme d'une

dans les journaux peu de temps après que la nouvelle de la mort de Napoléon fut arrivée à Paris. Celte circonstance et la notoriété qu'avaient acquise les attentions de lady Holland pour l'illustre prisonnier pendant son exil, nous introduisirent en France dans la société de gens qui professaient ouvertement, ou ressentaient sincèrement la plus grande vénération pour la mémoire de Napoléon. C'est dans leur conversation qu'a été puisée la substance des notes qui vont suivre ; mais, comme le lecteur pourrait désirer savoir jusqu'à quel point j'étais en état, par mes propres observations, soit de rectifier, soit d'apprécier les récits que j'entendais, il est, je crois, nécessaire d'exposer l'étendue et la nature du peu de relations qui ont existé entre Napoléon et nous, soit avant, soit après sa captivité.

Lady Holland et moi nous lui fûmes présentés, pour la première fois, en 1802, lorsqu'il était premier consul. Il la vit seulement une fois et lui adressa quelques questions banales et quelques compliments, mais n'eut point de conversation avec elle. J'ai cependant des raisons de croire qu'il connaissait l'admiration qu'elle ressentait, et qu'elle manifestait pour son génie militaire et politique. Je me tenais debout près de lui dans le cercle qui l'entourait, lorsqu'il reçut la députation qui était

grande intelligence, pouvaient s'imaginer qu'ils honoraient sa mémoire en singeant les formes absurdes adoptées par d'autres souverains ou prétendants !

venue, ayant Barthélemy à sa tête, lui offrir le consulat à vie, et qu'il lui répondit par un discours écrit, très-court, prononcé rapidement et d'une manière un peu contrainte.

A cette occasion il me parla très-poliment, mais très-brièvement. Il m'entretint un peu plus longtemps lorsque je dînai et que je passai la soirée à sa cour, en compagnie de M. Fox, avec lequel il eut une longue conversation sur différents sujets et plus particulièrement sur le concordat. Ce sont là les seules occasions que j'aie jamais eues d'observer sa figure et d'entendre sa voix. La figure, quoique composée de traits réguliers et exprimant la pénétration et la sérénité, n'était ni aussi pleine de dignité, ni aussi animée que je m'y serais attendu; mais sa voix était douce, pleine de vie et persuasive au plus haut degré; elle laissait une impression favorable sur ses intentions aussi bien que sur son intelligence. Ses manières n'étaient ni affectées ni arrogantes, mais manquaient certainement de cette aisance et de cet attrait qui passent pour être le privilége exclusif de ceux qui ont pu dès l'enfance fréquenter la bonne compagnie. Nous parcourûmes la France en nous rendant en Espagne dans cette même année 1802, et nous reçûmes des préfets et des fonctionnaires publics, dans chaque ville que nous traversions, toutes les marques possibles d'attention. Nous en devinâmes la véritable cause, qui était la disposition du premier consul à entretenir le bon vouloir des amis de la paix en Angleterre et surtout de tous ceux qui étaient liés avec M. Fox. Ma vieille amitié avec Talleyrand, qui était dans ce temps le ministre de confiance du consul, y était aussi pour quelque chose. D'ailleurs Talleyrand était lui-même assez disposé à donner plein effet à la politique générale du gouvernement consulaire, en la traduisant en actes de bienveillance et d'hospitalité judicieuse à notre égard.

Après la première abdication et la retraite de l'empereur à l'île d'Elbe en 1814, lady Holland lui envoya de Florence et de Rome quelques missives de politesse et lui fournit un ou deux paquets de journaux anglais, ayant appris qu'il voulait les parcourir et qu'il ne pouvait pas se les procurer. Pour reconnaître ces petits actes d'attention, il lui envoya, je crois, quelque temps avant de quitter l'île d'Elbe, quelques petits, mais curieux échantillons du minerai de fer de cette île. Ce qui est remarquable, c'est que, dans un de ces journaux envoyés ainsi par lady Holland, se trouvait un passage qui éventait le projet formé par les coalisés de le transporter à Sainte-Hélène. La vérité est que cette idée, bien qu'incompatible avec l'honneur et la bonne foi, fut soulevée et discutée (1), mais pro-

(1) J'ai cité ce fait à la chambre des lords dans le débat relatif à la manière de traiter le général Bonaparte, et *je ne fus pas contredit*. Je le tenais en effet d'un Anglais, homme véridique, employé au congrès de Vienne, qui me le dit après l'arrivée de Napoléon à Paris, mais avant la bataille de Waterloo.

bablement jamais confiée au papier dans le congrès de Vienne, avant que Napoléon eût quitté l'île d'Elbe. Il est juste d'ajouter cependant que ce projet fut combattu et rejeté par l'Autriche. Ce qui vient confirmer qu'un dessein aussi lâche avait été conçu, c'est ce fait qu'une négociation avec la Compagnie des Indes-Orientales, tendant à placer Sainte-Hélène (1) sous la direction du gouvernement, sans qu'aucun but probable ou ostensible vînt justifier cette mesure, fut réellement commencée en mars 1815 et interrompue, lorsque, dans le même mois, on apprit le débarquement de Napoléon. Un soupçon bien fondé d'une pareille conduite était certainement suffisant pour relever l'empereur exilé des obligations que lui imposaient le traité et l'abdication de Fontainebleau, et pour justifier sa tentative de recouvrer l'empire qu'il avait si récemment perdu. Nous étions à Rome lorsqu'il arriva à Paris, et, à la suggestion, je crois, de son frère Louis, il nous envoya un passeport qui nous arriva pendant notre voyage entre Radicofani et Sienne. Nous ne fîmes aucune tentative pour en profiter. La fin rapide de la guerre le rendit inutile. D'ailleurs si nous eussions voulu nous en servir, il est très-probable que nous ne l'eussions pas pu, car la méfiance des alliés avait rigoureuse-

(1) Je puis citer l'amiral Fleming, neveu du directeur de la Compagnie des Indes-Orientales, et Elphinstone, tous les deux hommes d'honneur, véridiques et intelligents.

ment interdit les communications et toutes les relations avec la France.

Nous débarquâmes à Douvres à peu près en même temps que Napoléon arrivait en Angleterre à bord du *Bellerophon*, commandé par le capitaine Fréderic Maitland. Les scrupules de cet officier, d'un esprit élevé, qui ne voulut rien promettre au-delà de ce qu'il savait pouvoir tenir, sa ferme persévérance dans l'accomplissement de ses promesses, et toute sa conduite, tant à l'égard de son illustre captif que vis-à-vis de son gouvernement, firent le plus grand honneur au service auquel il appartenait et à lui-même. Malheureusement la générosité pour un ennemi tombé ne fut pas pour ceux qui en firent preuve, comme lui et le capitaine Usher, qui avait transporté Napoléon à l'île d'Elbe, un titre de recommandation auprès de l'amirauté. Le zèle opiniâtre des partisans de Napoléon a souvent fait du tort à sa cause, et l'a exposé aux accusations d'avoir manqué de droiture et d'avoir usé de perfidie ; accusations qu'il a quelquefois, mais très-rarement méritées. Quelques-uns de ses partisans ont accusé, d'une manière peu judicieuse et très-faussement, le capitaine Maitland d'avoir usé d'artifice pour attirer l'empereur à bord, et d'avoir équivoqué sur l'interprétation des conditions auxquelles il l'avait reçu. Napoléon n'a participé à aucune de ces accusations ni directement, ni indirectement, et leur fausseté, ainsi que les attaques erronées contenues dans beaucoup d'écrits de ses partisans trop ardents, ne peuvent équitablement être considérées comme portant atteinte à son caractère personnel ou politique.

Lorsque la décision peu généreuse (1) en vertu de laquelle le grand captif devait être transporté à Sainte-Hélène fut connue, lady Holland s'empressa de demander au gouvernement la permission d'envoyer quelques articles qui, dans son opinion, semblaient pouvoir contribuer au comfortable, ou à la distraction de l'exilé dans un pays lointain. Elle resserra les relations de société jusqu'alors assez faibles, qui l'unissaient à sir Hudson Lowe, et chercha par toute sorte de politesses à obtenir de lui toutes les facilités, compatibles avec les devoirs et les instructions qu'il avait à remplir, pour mettre à exécution ses intentions. Elle échoua dans l'une et l'autre tentative. Lord Bathurst lui fit savoir qu'aucun présent ne pouvait être envoyé au général Bonaparte, mais que le gouvernement achète-

---

(1) Qui a pris l'initiative de cette décision ? Je n'en suis pas sûr. Rien ne pouvait être moins généreux ni moins digne que la conduite ultérieure et le langage tenus par Georges IV à l'égard de Napoléon et de sa famille. C'était le contraste et non la copie de la conduite du prince Noir avec le roi Jean. Cependant la première impression produite sur l'esprit du prince régent par la célèbre lettre de Napoléon, si elle ne fait pas très-grand honneur au bon goût et au jugement du prince, ne fut pas défavorable pour celui qui l'avait écrite. Le prince remarqua que les mots par lesquels commençait la lettre : « Altesse royale » étaient tout à fait convenables et corrects, « plus corrects, je dois le dire, » ajouta-t-il, « que toutes les lettres que j'aie jamais reçues de Louis XVIII. »

rait volontiers, et lui ferait parvenir toutes les choses qui seraient indiquées comme de nature à contribuer à son bien-être. Lady Holland sut, par hasard, que l'empereur aimait à boire, même dans les climats moins chauds, son vin et son eau très froids. Elle se disposait à acheter, à un prix considérable, une machine nouvellement inventée pour faire de la glace, et, dans sa réponse à la missive de lord Bathurst, elle lui donna l'adresse du fabricant et proposa l'achat. La machine cependant ne fut ni achetée ni envoyée. Lady Holland persista néanmoins, et imagina d'envoyer, en même temps que les publications nouvelles et quelques bagatelles comme cadeau pour sir Hudson, des marques de souvenirs analogues pour Napoléon. Ces envois furent souvent ajournés par des scrupules excessifs ou des motifs moins pardonnables de la part des hommes du gouvernement; cependant la nature inoffensive de ces petits présents eux-mêmes permit qu'ils arrivassent finalement à leur destination. Divers obstacles se présentèrent pourtant pour s'opposer à ces communications insignifiantes. Un orgueil naturel et pardonnable dissuadait Napoléon de demander la moindre chose; un scrupule plus erroné, et, d'après mon jugement, blâmable lui fit repousser toute communication dans laquelle son titre d'empereur ne lui était point conservé.

On profita de cette circonstance pour se dispenser de lui fournir beaucoup de choses nécessaires, et pour restreindre ses relations avec les habitants de l'île, ou avec les quelques étrangers qui la visitaient accidentellement. Les privations et les misérables vexations auxquelles furent exposés les habitants de Longwood, sont probablement défigurées ou exagérées par la vulgarité et l'ignorance de l'auteur dans la publication de Santini, en 1817; mais on ne peut nier qu'il y ait eu négligence honteuse à satisfaire les désirs et les intérêts de l'illustre captif et de ses compagnons, et parfois une dureté grossière de la part du gouverneur. Il y eut peu ou point d'égards pour les sentiments de Napoléon ou pour les membres de sa famille, dans les bureaux du secrétaire d'Etat à Londres. Si les lettres des parents de l'empereur n'étaient pas réellement interceptées, on ne cherchait à donner aucune facilité pour leur transmission. Une lettre de sa mère fut non seulement lue, mais s'égara pendant un temps assez long entre les mains des commis inférieurs des bureaux. Comme Napoléon s'était prudemment abstenu de tirer sur les fonds qu'il avait en Europe, parce que les traites, et par conséquent les noms des dépositaires de ces fonds auraient dû être communiqués à ses geôliers et à ses ennemis, et comme beaucoup de choses dont il avait besoin, lui et ses compagnons, n'avaient pas été fournies par le gouvernement anglais, il fut obligé, soit d'emprunter sur la fortune particulière de ses compagnons, soit de se procurer de l'argent dans l'île par la vente de sa vaisselle et d'autres articles superflus. La notoriété qu'acquirent ces détails, peut être aussi la sensation créée par la publication dont je viens de parler et l'effet produit, j'aime à le croire, par ma motion (1) dans la chambre des lords, amenèrent quelque peu de relâchement dans la sévérité du traitement. Du moins les lettres de la famille de l'empereur, confiées au secrétaire d'Etat, furent, depuis ce temps, transmises avec plus de régularité. Des provisions, des vêtements, des livres achetés par elle et envoyés au même ministère, furent expédiés; et quelque temps après lord Bathurst, non seulement consentit à transmettre divers articles de la part de lady Holland à Napoléon et à sir Hudson Lowe, mais l'informa régulièrement des navires en partance pour Sainte-Hélène ; et, après s'être assuré qu'elle observait strictement les règles qu'il avait imposées, il permit que tous les paquets, les livres et les caisses portant la suscription faite de la main de lady Holland et son nom, fussent transmis à leur destination sans être autrement visités. Lady Holland eut la satisfaction d'apprendre que beaucoup de ces articles avaient été reçus, et leur choix approuvé. Napoléon ne lui a jamais écrit, mais il a rappelé son nom et ses attentions pour lui plus d'une fois

---

(1) Ma motion était relative à quelques faits s'accordant avec les récits de Santini, mais elle n'avait aucune connexité avec ce pamphlet ou son auteur. Les renseignements sur lesquels je la basais ne reposaient à aucun degré sur l'autorité et les descriptions de celui-ci, comme lord Bathurst dans sa réponse affecta avec une certaine habileté de le croire.

à des personnes qui lui ont répété ses remercîments. Le legs qu'elle reçut fut cependant pour elle une preuve agréable, bien qu'inattendue, que ses efforts pour exprimer son admiration des grandes qualités de Napoléon, et même pour adoucir ses chagrins, n'étaient pas restés sans succès. L'attention qu'avait eue l'empereur d'écrire l'adresse de sa propre main, les mots choisis par lui d'une manière si judicieuse, et même la peine qu'il avait prise de fixer la carte au fond de la tabatière, relevaient le prix du souvenir qu'il lui léguait, parce qu'ils attestaient que Napoléon avait compris les motifs de la conduite de lady Holland, et que cette conduite avait occupé pendant quelques instants la pensée, et ému la bienveillance de cet homme extraordinaire. Tout était de bon goût. Si le présent avait été plus considérable, lady Holland n'aurait pu l'accepter; si les expressions avaient été plus fortes, elles n'auraient pas paru sincères. Assurément, avoir procuré quelque satisfaction à un homme aussi calomnié, aussi persécuté et aussi mal traité, et avoir gagné l'estime d'un esprit aussi capable et aussi pénétrant, n'est pas une faible distinction. Lady Holland trouva dans cette appréciation une ample récompense de sa compassion, et de sa générosité constante, infatigable et dénuée d'ostentation.

Le peuple de Paris montra quelque disposition à ne pas croire à la mort de Napoléon; dans les classes moyennes on fut porté à l'attribuer au poison, et à la cour il y eut quelque affectation de pousser la magnanimité jusqu'à déposer tout ressentiment contre le héros décédé.

> « César aurait pleuré, le crocodile aurait pleuré,
> « De voir son seul rival dans l'univers
> « Reposer là immobile dans la paix du tombeau. »

Il était plus facile d'imiter l'hypocrisie que les autres qualités de César (1).

Beaucoup de personnes portèrent le deuil, surtout le 15 août, jour de la Saint-Napoléon. Les publications sur son caractère, sa vie et sa mort furent nombreuses, et généralement plus remplies d'éloges que de critiques; des portraits, des gravures, des imprimés, relatifs à son exil et à sa mort étaient achetés avec un empressement qui alarma la police, et motiva une défense temporaire d'étaler de pareils articles dans les boutiques.

Les notes suivantes de ce que j'ai entendu peuvent donner la substance des conversations que j'ai eues avec les personnes les mieux informées à Paris en 1821. Je ne prétends pas garantir l'exactitude de tous les détails. Néanmoins quand je ne mentionne pas mon autorité, c'est que je considère la source où j'ai puisé les faits que je raconte comme authentique, ou bien que j'ai entendu rapporter si souvent ces faits sans aucune contradiction, que je puis les considérer comme certains. Quand je mentionne mon autorité, le lecteur peut juger par lui-même du crédit qu'elle mérite.

(1) Voir les documents contenus dans l'Appendice n. 5.

CHAPITRE XI.

Naissance et éducation de Napoléon. — Son séjour à Brienne. — Son autorité au sein de sa famille. — Son premier écrit. — Ses habitudes d'économie. — Avantages qu'il en retire. — Histoire d'un cordon de sonnette. — A quoi sert de connaître le prix du cidre. — Débuts militaires de Napoléon. — Comment il pourvut à son équipage. — Ses connaissances astrologiques. — Son mariage. — Dureté prétendue de Napoléon. — Le duc d'Enghien. — Motifs de son arrestation. — Etendue et résultats de cette faute. — Justification du duc de Vicence.

Le témoignage de Napoléon lui-même et les recherches de quelques écrivains, en ont appris assez sur la naissance de l'empereur, pour satisfaire la curiosité du public, pour réfuter les vulgaires calomnies du jour à ce sujet et pour prouver que si sa famille n'était ni illustre ni d'un rang élevé, elle pouvait cependant, selon les usages reçus en France et en Italie, prétendre à la noblesse (1). Son père fut

(1) Serra, Pozzo di Borgo, Louis Bonaparte, les conversations de Napoléon lui-même, plusieurs autres personnes, et plusieurs documents confirment ce fait.

dans une occasion élu député de la noblesse, et lui-même, ainsi qu'une de ses sœurs, ont été élevés en France dans des écoles où l'on devait prouver qu'on appartenait à une famille de gentilshommes. Les témoignages de plusieurs de ses parents s'accordent à dire que son oncle Ramolino (1), chanoine à Ajaccio, était un homme remarquable par son intelligence et son instruction, et qu'il eut assez de sagacité pour reconnaître la supériorité de son neveu, et pour recommander, à son lit de mort, à tous les jeunes gens de la famille de déférer, dans les occasions les plus importantes de leur vie, au jugement et aux conseils de leur second frère Napoléon.

Il est né à Ajaccio en 1769. Plusieurs personnes ont affirmé qu'il avait au moins un an de plus, mais qu'il dissimulait son âge réel, ne voulant pas avouer qu'il fût né en Corse à l'époque où cette île ne faisait pas encore partie de la France. C'est une histoire inventée à plaisir. Une autre anecdote encore plus absurde qu'on a fait circuler est celle qu'il avait été baptisé sous le nom de Nicolas (2),

---

(1) Pozzo di Borgo, lorsque je lui eus raconté cette circonstance que je tenais de Fesch et de Louis Bonaparte, me dit qu'il pensait que ce récit devait se rapporter à Lucien Bonaparte, oncle paternel de Napoléon, et non à Ramolino, son oncle maternel. Il me semble avoir lu tout ce que je raconte ici dans les mémoires manuscrits de Louis Bonaparte que celui-ci me prêta à Rome en 1815, mais qui, je dois l'avouer, étaient presque illisibles à cause de la mauvaise écriture.

(2) On raconte, sans que probablement cet autre récit soit

mais que, par crainte du ridicule, étant arrivé à la célébrité, il l'avait changé en celui de Napoléon. Les examens imprimés (1) de l'école militaire de

mieux fondé, que lorsque le maréchal Soult désira être proclamé roi de Portugal, son prénom de Nicolas lui avait été opposé comme une objection insurmontable. Je ne garantis pas qu'il ait jamais eu ce désir ; je suis convaincu que ce n'est pas une objection pareille qui en eût empêché la réalisation, et je crois que le prénom du maréchal est Jean. Le général Sébastiani m'a raconté, dans une conversation, une anecdote curieuse sur le maréchal, le roi Joseph et Napoléon. L'empereur étant à Madrid signa un décret qui annexait l'Espagne à la France, et Sébastiani trouva le roi Joseph, auquel cette décision avait été communiquée, plongé dans le désespoir et fondant en larmes ; le roi supplia Sébastiani d'aller intercéder pour lui auprès de son frère. Napoléon dit qu'un décret avait été signé en effet, mais que les nouvelles reçues de Salamanque (où les Anglais, je crois, avaient marché sur Soult) l'avaient décidé à *révoquer le décret* et à ajourner pour quelques mois le détrônement de son frère. « Vous pouvez lui parler, dit-il, de la révocation du décret, mais pas un mot de mes intentions futures. » Sébastiani, quelques mois après, commandait à Grenade, et il fut sondé par un agent confidentiel de Joseph et de *Soult* pour savoir s'il voudrait coopérer à l'ouverture d'une négociation tendant à conclure une paix séparée entre l'Angleterre et l'Espagne, à l'insu de Napoléon et du gouvernement français. Il paraîtrait, d'après cela, que les conseils de l'empereur à cette époque étaient loin d'offrir le spectacle de l'harmonie et de l'union.

(1) Ces livres d'examens sont les suivants :

Livre de 1780, dans lequel il est mentionné deux fois ; imprimé à Troyes et non relié.

Livre de 1781, dans lequel il est mentionné trois fois ; imprimé par Didot l'aîné à Paris et relié.

Livre de 1782, dans lequel il est mentionné trois fois ; imprimé à Troyes et non relié.

N. B. Ils m'ont été prêtés tous les trois par la Bibliothèque

Brienne, pour les années 1780, 1781, 1782, conservés à la bibliothèque de Paris, le représentent comme ayant fait des progrès en histoire, en algèbre, en géographie et dans l'art de la danse. Il y est inscrit sous le nom de *Buona-Parte*, de l'isle de Corse; quelquefois d'Ajaccio, en Corse. On raconte beaucoup de traits de son caractère entreprenant et ambitieux. Pozzo di Borgo racontait (en 1826) une conversation qu'il eut avec lui, lorsqu'il n'était âgé que de dix-huit ans, et dans laquelle, après l'avoir questionné et avoir appris quel était l'état de l'Italie, Napoléon s'écria : « Donc je n'ai pas été trompé, et avec deux mille soldats un homme peut se faire roi (principe) de ce pays. » L'ascendant qu'il avait acquis sur sa famille et sur ses camarades, longtemps avant que ses grands talents ne l'eussent sorti de l'obscurité, m'a été raconté d'abord par le cardinal Fesch et par Louis Bonaparte, et m'a été confirmé depuis par le témoignage unanime de tous ceux qui l'ont connu pendant sa résidence en Corse et avant la connaissance qu'il fit du directeur Barras. A la maison, il était extrêmement studieux, et ardent dans ses recherches soit littéraires, soit scientifiques qu'il ne communiquait à personne. A ses repas, qu'il dévorait rapidement, il était silencieux et comme absorbé dans ses pensées. Cependant il était

---

royale en février 1826. Son nom est écrit uniformément *Buona-Parte*. Il est désigné une fois comme étant *d'Ajaccio en Corse* et deux fois comme étant *de l'isle de Corse*.

généralement consulté dans toutes les questions qui touchaient aux intérêts des diverses branches de sa famille et dans toutes ces occasions il se montrait attentif, amical, décisif et judicieux. Au temps de sa première jeunesse, il écrivit une histoire de la Corse et en envoya le manuscrit à l'abbé Raynal, avec une lettre complimenteuse, sollicitant l'honneur de faire sa connaissance et demandant son opinion sur l'ouvrage. L'abbé accusa réception de la lettre et combla d'éloges cette production que Napoléon ne fit jamais imprimer (1). Des personnes qui ont dîné avec lui au restaurant et dans les cafés, dans les moments où il lui était commode de ne pas payer la carte, m'ont assuré que quoique le plus jeune et le plus pauvre, il obtenait toujours, sans l'exiger, une sorte de déférence du reste de la compagnie.

Bien n'ait qu'il jamais été parcimonieux, il était à période de sa vie extrêmement attentif aux détails de cette la dépense, au prix des provisions et des autres articles nécessaires, en un mot, à toutes les branches de l'économie domestique. Les connaissances qu'il acquit ainsi de bonne heure dans ces matières lui furent utiles dans une situation plus élevée. Aux époques suivantes de sa carrière, il cultivait et même faisait parade de son savoir à ce sujet, et il lui dut quelquefois de découvrir et souvent de prévenir le gaspillage dans l'administration des deniers publics. Rien ne peut surpasser l'ordre et la

---

(1) Voyez l'Appendice n. 6.

régularité avec lesquels furent tenues les dépenses de sa maison lorsqu'il fut consul et empereur. Les grandes choses qu'il accomplit et les épargnes qu'il fit, sans qu'on lui ait imputé ni avarice, ni lésinerie, avec une somme comparativement peu considérable de quinze millions de francs par an, sont réellement merveilleuses et exposent ses successeurs, et en vérité tous les princes de l'Europe, au reproche de négligence et d'incapacité. Dans cette branche de son gouvernement, il dut beaucoup à Duroc. On raconte que très-souvent ils visitaient les marchés de Paris (les halles), vêtus très-simplement, et de très-grand matin. Lorsque des comptes considérables allaient être soumis à l'empereur, Duroc l'instruisait en secret de quelques détails minutieux. En faisant une allusion adroite ou laissant échapper négligemment une remarque sur les points dont il avait été ainsi tout récemment informé d'une manière précise, Napoléon réussissait à faire croire à son entourage que l'œil du maître était partout. Par exemple, lorsqu'on meubla les Tuileries, les prix du tapissier, quoiqu'ils ne fussent pas exorbitants, parurent à l'empereur plus élevés que ne le comportaient les profits habituels du commerce. Il demanda soudain à un ministre qui était près de lui combien pouvait coûter le gland suspendu à l'extrémité du cordon à sonnette. « Je l'ignore, » répondit le ministre. « Eh bien ! nous verrons, » dit-il. Puis il coupa la poignée d'ivoire, appela un domestique, et, lui ayant donné l'ordre d'endosser des vêtements ordinaires et de ne communiquer à âme qui vive la commission dont il était chargé, ni l'emploi qu'il avait, il lui enjoignit de s'enquérir du prix des articles de ce genre dans plusieurs boutiques de Paris et d'en commander une douzaine comme pour lui-même. Ils se trouvèrent d'un tiers moins chers que ceux fournis pour le palais. L'empereur concluant de là que les autres articles avaient été surfaits dans la même proportion, déduisit un tiers du total du mémoire et ordonna d'informer le commerçant que la déduction avait été faite par son ordre exprès, parce qu'après vérification, il avait découvert que les prix étaient d'un tiers trop élevés.

Lorsque plus tard, au comble de sa gloire, il visita la ville de Caen avec l'impératrice Marie-Louise et une suite de têtes couronnées et de princes, son vieil ami le préfet, M. Méchin, connaissant son goût pour les détails, alla lui porter cinq tableaux statistiques spécifiant les dépenses, les revenus, les prix, les productions et le commerce du département. « C'est bon, » dit-il, après les avoir reçus le soir de son arrivée, « vous et moi nous ferons bien de l'esprit sur tout cela demain au conseil. » Et, en effet, à la réunion, le jour suivant, il étonna tous les principaux propriétaires du département par sa connaissance minutieuse des prix du bon et du mauvais cidre et des autres produits, ainsi que des circonstances locales des diverses parties du département. La noblesse royaliste elle-même sortit pénétrée pour sa personne d'un respect que la restitution de ses terres n'avait pu lui inspirer; et que, il faut le dire, le premier espoir de vengeance contre leurs ennemis effaça entièrement de l'esprit de tous les membres de cette faction intolérante.

D'autres princes ont montré le même goût que Napoléon pour les petits détails ; mais voici la différence. L'usage qu'ils faisaient de leur savoir était de tourmenter leurs inférieurs et de fatiguer leur société; tandis que Napoléon fit servir le sien à limiter les dépenses de l'Etat aux objets et aux intérêts de la communauté. Je reviens maintenant à la première période de sa vie. Ses complaisances pour le parti régnant des Jacobins ont été grandement exagérées. Quelques paroles inconvenantes et une conduite tant soit peu reprochable qu'il tint dans les églises de Toulon et de Marseille, après la reddition de ces deux villes aux républicains, constituent à peu près toute la somme des accusations qui peuvent être articulées contre lui de ce chef. Il est complétement pur de toute participation à leurs cruautés. Il ne cachait même pas, pendant cette période dangereuse de l'histoire, à ses intimes le mépris qu'il avait pour les absurdités qui prévalaient alors, et sa vive désapprobation des moyens par lesquels le système de la terreur fut pendant si longtemps maintenu en vigueur. Les horreurs de la révolution firent une impression profonde sur son esprit. La crainte de les voir revivre fut, dans les périodes suivantes de sa vie, le motif pour lequel non seulement il traita les anti-révolutionnaires avec une indulgence imprévoyante et dangereuse, mais encore il assimila son propre gouvernement, sous beaucoup trop de rapports, à l'ancien ordre de choses. Il prêtait l'oreille avec satisfaction à tout raisonnement tendant à faire reposer son autorité sur une base diamétralement opposée à celle qu'il savait être son appui réel, ou du moins le plus naturel. La faveur dont il jouissait auprès de Barras, que je crois avoir été la cause principale pour laquelle on eut recours à ses services le 13 et le 14 vendémiaire (4 et 5 octobre 1795), ainsi que l'ont dit avec raison tous ses biographes, et sa nomination ultérieure au commandement de l'armée d'Italie, furent les fruits légitimes de ses services distingués devant Toulon, et du génie et de l'énergie que l'on remarquait dans sa conversation et son caractère, une fois qu'on avait fait la connaissance intime de sa personne.

A sa première nomination à l'armée d'Italie, le Directoire ne pouvait pas ou ne voulait pas, dit-on, lui fournir l'argent nécessaire pour se rendre avec ses aides-de-camp au quartier général, et pour paraître d'une manière convenable à la tête d'une armée considérable. Dans cette extrémité, il réunit toutes ses ressources et tout ce que ses amis et son crédit pouvaient lui procurer, et il s'adressa, dit-on, à Junot, jeune officier auquel il connaissait l'habitude de fréquenter les maisons de jeu, et lui ayant confié tout l'argent qu'il avait pu lever (1), au total une assez faible somme, il lui donna l'ordre ou de tout perdre ou de l'augmenter dans une forte proportion avant le lendemain matin, lui disant que de son succès au jeu pendant la nuit dépendait la possibilité pour lui de prendre le commandement de l'armée et de le nommer son aide-de-camp. Junot, après avoir, au-delà de son attente, réussi à gagner une somme qu'il jugeait suffisante pour les besoins de son commettant, s'empressa d'en informer le général Bonaparte; mais celui-ci ne se montra pas satisfait, et, ayant pris la résolution de tenter la fortune jusqu'au bout, il ordonna à son ami de retourner, de risquer tout ce qu'il avait gagné et de ne pas quitter la table jusqu'à ce qu'il eût perdu le dernier sou ou doublé la somme qu'il lui avait rapportée. Après quelques fluctuations, les chances le favorisèrent encore cette fois, et Napoléon se mit en route pour son quartier général muni de fonds suffisants pour prendre le commandement avec quelque splendeur et quelque éclat. Cette anecdote m'a été racontée, pour la première fois, par le chevalier Serra (2), ministre de la république ligu-

(1) D'autres disent que Junot vendit son épée à poignée d'argent et ajouta le produit de la vente à son enjeu.

(2) Je l'ai répétée comme je crois qu'elle m'a été racontée, après avoir toutefois rafraîchi ma mémoire par le témoignage de ceux qui l'ont entendue en même temps que moi. Je ne me hasarde pas à préciser les sommes gagnées, mais il me semble

rienne à Madrid, homme véridique, instruit et sagace, et qui avait intimement connu Napoléon pendant ses campagnes d'Italie. C'est lui qui m'a assuré aussi que, dans cette première période de sa carrière, Bonaparte, tout en reconnaissant la bravoure militaire des Français, en parlait devant Salicetti et d'autres Italiens comme d'étrangers, faisant peu de cas de leurs talents politiques et les traitant comme une nation dépourvue de principes et manquant de courage moral. Il est à remarquer que Bonaparte tenait ce langage à des Italiens, qu'il savait devoir être satisfaits et flattés de l'entendre professer des opinions conformes aux leurs et d'où ils pouvaient déduire la persuasion que leurs compatriotes étaient supérieurs à leurs conquérants. Il avait épousé Joséphine, veuve du vicomte de Beauharnais, avant de prendre le commandement de l'armée d'Italie. Pendant qu'il lui faisait la cour, il avait là comme ailleurs pour rival le général Hoche. Celui-ci avait sur lui l'avantage de la tournure, d'un rang plus élevé et d'une réputation établie depuis plus longtemps dans l'armée. Joséphine joignait aux bonnes manières, à de la beauté

---

qu'en dernier résultat ce fut 500,000 fr. Cette anecdote, avec quelques variantes, m'a été plus d'une fois racontée par des Français bien informés qui y faisaient souvent allusion dans la conversation. Serra fut chargé depuis par Napoléon d'un emploi diplomatique à Dresde. Il écrivit et imprima le récit en latin des campagnes de ce grand prince en Allemagne et en Pologne. Il mourut à Dresde en 1813.

et à beaucoup de douceur, une teinte romanesque et de la superstition dans le caractère. Moitié en plaisantant, moitié au sérieux, elle protégeait ce rejeton bâtard de l'astrologie et de la sorcellerie qui consiste à prédire la fortune par des jeux de cartes, des nombres cabalistiques, des loteries, de la chiromancie et autres supercheries de ce genre, qu'on n'ose encourager sans en rire et sans les traiter de pur passe-temps, mais que bien des gens, tout en riant, en badinant, se laissent aller à prendre au sérieux et à accepter. Napoléon, pour amuser sa maîtresse et tourmenter son rival, affecta d'être un adepte en chiromancie. Il prédit la bonne aventure de la plupart des personnes de la société, et, comme ses prédictions n'ont jamais été mentionnées depuis, on peut croire qu'elles se réduisirent à des conjonctures mal fondées; mais en regardant la main de Hoche, il lui prédit que sa maîtresse lui serait enlevée par un rival et qu'il ne mourrait pas dans son lit. Comme ces deux événements se réalisèrent en effet, les ennemis crédules ou malicieux de Napoléon ne manquèrent pas d'imputer l'un comme l'autre à ses machinations. La mort prématurée du jeune et brillant général Hoche en Allemagne fut gravement attribuée au poison que lui aurait administré son heureux rival d'Italie, qui, pour éviter les soupçons et la découverte, aurait sans nécessité, dans un moment de gaieté, prédit la mort qu'il avait secrètement et perfidement complotée.

Parmi les diverses prédictions faites à Joséphine avant son second mariage, elle mentionnait souvent celle d'une bohémienne qui lui avait annoncé : « Qu'elle serait plus grande qu'une reine et que cependant elle mourrait à l'hôpital. » La dernière partie de cette niaise prophétie, disent les hommes crédules, s'est vérifiée dans la lettre sinon dans l'esprit ; car le nom de la *Malmaison*, où elle est décédée, indique que cette demeure dans l'origine était probablement destinée à être un asile pour les malades. Je dois avouer que j'ai entendu souvent raconter cette prédiction en 1802, et par conséquent avant la mort de Joséphine, avant son élévation à la dignité d'impératrice, et lorsqu'on pouvait encore mettre en doute si la femme du premier consul avait littéralement accompli la première partie de l'oracle. Le mariage du jeune général fut l'ouvrage de Barras et fut contracté vers l'époque de sa promotion. L'amour de Napoléon pour Joséphine était ardent et sincère ; il dura pendant quelque temps ; et, quant à son estime et à sa bienveillance, elles ne cessèrent jamais. En prenant le titre d'empereur, il commença cependant à prêter l'oreille à la proposition et peut-être à concevoir le dessein d'une autre alliance plus favorable à son admission dans le cercle des souverains légitimes, et plus favorable à la fondation d'un empire héréditaire par l'espoir d'une descendance. Une dame qui a bien connu Joséphine, mais qui, bien qu'exacte dans ses souvenirs et précise dans son langage, est capable de dramatiser quelque peu ses narrations, m'a assuré qu'en prenant pour la première fois son nouveau titre, l'empereur dit à madame Bonaparte dans son cabinet, que sa famille, ses ministres, son conseil, *enfin tout le monde* lui représentaient la nécessité d'un divorce et d'un nouveau mariage. Pendant qu'elle demeurait la tête appuyée entre les mains, et les larmes aux yeux, il marchait çà et là d'une manière précipitée et agitée, en répétant à chaque instant : « Qu'en dis-tu donc? cela « sera-t-il? qu'en dis-tu? » Elle répondit : « Que « veux-tu que j'en dise, si tes frères, tes ministres, « tout le monde est contre moi, et il n'y a que toi « pour me défendre? — Tu n'as que moi pour te « défendre! s'écria-t-il avec émotion, eh bien! tu « l'emporteras. » Joséphine, en racontant ce fait, ajoutait que jamais il ne pouvait résister aux larmes, et par-dessus tout aux larmes d'une femme. Selon elle, toutes les fois qu'il croyait nécessaire d'être ferme, il prenait un ton bref, rude et décidé pour prévenir ces recours à sa sensibilité, auxquels il était incapable de résister immédiatement. D'autres m'ont assuré que les allocutions impolies qu'il se permettait trop souvent étaient l'effet d'un calcul plutôt que de son caractère, et qu'il y avait recours pour déconcerter tout dessein prémédité et pour prévenir l'importunité; que ces éclats de colère tant redoutés étaient le masque d'une disposition facile et clémente et non point les ébullitions d'une nature emportée et ingouvernable. Cela peut être, mais bon nombre de gens penseraient que

Napoléon jouait trop bien son rôle, et l'habitude devient trop souvent une seconde nature.

Dans une circonstance bien triste, il a certainement montré un grand endurcissement. Quels qu'aient été les motifs ou le conseiller de l'arrestation et de l'exécution du duc d'Enghien, Napoléon fut assiégé en public et dans l'intimité par les larmes de sa femme, les intercessions de sa famille, les remontrances de plus d'un homme public, mais en vain. Le tout est un mystère ; ceux qui étaient dans le secret et qui ont écrit sur cette affaire, n'ont pas réussi à se justifier de tout soupçon de participation au crime, et ont jeté peu de jour sur ce sujet. L'un d'eux, Savary, avait une fois confié au papier (1) l'explication suivante des motifs de l'arrestation du duc d'Enghien. Les gens chargés de la police avaient été informés de réunions secrètes tenues par George Cadoudal avec ses complices à Paris. Leur nombre, leur plan, les moyens qu'ils possédaient, l'époque fixée pour tout mettre à exécution et même beaucoup de détails de leurs conversations avaient été

---

(1) Le manuscrit de ses Mémoires, qui contenaient cette explication, fut offert à un libraire de Londres en 1815 ou 1816 par Savary lui-même. Le libraire, pour se faire une opinion de la valeur du manuscrit, le confia à l'examen de M. Allen. Celui-ci, bien qu'il se fût abstenu par un scrupule honorable de copier une seule ligne, se rappelait cependant le récit de cette intéressante et triste affaire. Le manuscrit ne fut ni acheté, ni imprimé, et dans la brochure publiée depuis par Savary à Paris, quelques-uns de ces détails furent répétés mot à mot, d'autres furent modifiés, d'autres enfin complétement supprimés.

découverts. Mais, dans ces conciliabules secrets, on voyait quelquefois paraître une personne dont on n'avait jamais pu constater avec précision le nom ni la qualité. Il était traité ostensiblement avec beaucoup de respect et paraissait être considéré, par les assassins royalistes, comme un personnage d'un haut rang et d'une grande importance. Bien qu'on ait su plus tard que c'était Pichegru, le premier consul et son gouvernement avaient supposé que ce personnage n'était autre que le duc d'Enghien. On savait que ce prince avait récemment rôdé sur les frontières de la France et de l'Allemagne, et qu'il s'était absenté avec quelque mystère de l'endroit où il résidait habituellement dans ce dernier pays, pour une quinzaine de jours pendant lesquels le conspirateur distingué dont il était question avait fait son apparition à Paris. Les ordres pour l'appréhender furent donc donnés dans la persuasion que le duc était l'homme dont il s'agissait.

En admettant que ce récit soit vrai, les motifs de l'exécution de cet infortuné prince, une fois qu'il eut été amené à Paris, même après l'erreur reconnue, deviennent plus intelligibles, quoique peut-être pas plus excusables, que la violation flagrante d'un territoire neutre commise dans le but de s'emparer d'un innocent et intéressant jeune homme. Cette manière d'envisager l'affaire coïncide avec le mot que Napoléon, dans sa conversation avec lord Ebrington, attribua à Talleyrand : « Le vin est tiré, il faut le boire. » Même son regret de n'avoir pas vu le duc (1) et la conclusion qu'il laissa présumer que, s'il l'avait vu, il se serait cru obligé de lui pardonner, s'accorderaient assez avec cette explication. D'un autre côté, est-il probable que Napoléon, connaissant les reproches auxquels cet incident de sa vie l'avait exposé, et n'éprouvant point de répugnance à entendre rapporter et même à discuter la sensation qu'il avait produite, n'eût jamais fait valoir ni à l'île d'Elbe, ni à Paris durant les Cent-Jours, ni pendant son voyage, ni à l'île Sainte-Hélène, les circonstances qui peuvent pallier le meurtre judiciaire dont il faut bien l'accuser, à moins qu'il ne soit prouvé que son esprit se trouvait alors sous l'empire d'une fausse impression ou qu'on ne fasse connaître quelque provocation inconnue? Un crime ne peut être pallié et encore bien moins justifié par ses conséquences. Vainement alléguerait-on que la terreur inspirée par la mort d'un Bourbon permit à Napoléon d'épargner beaucoup de conspirateurs royalistes que la loi menaçait de mort; vainement représenterait-on que Napoléon usa largement de ce pouvoir en montrant à l'égard des Polignac, du marquis de

(1) Edouard Ier d'Angleterre refusa une entrevue avec David, prince de Galles, lorsqu'il résolut de le faire exécuter. Jacques II vit Monmouth et eut le cœur de refuser le pardon. Je crois que Napoléon, comme Edouard, estimait qu'une entrevue et le pardon étaient synonymes, et que la condamnation d'un égal avec lequel on vient de s'entretenir est une preuve non seulement de sévérité, mais de brutalité.

CHAPITRE XI.

Rivière et de beaucoup d'autres, une clémence presque sans exemple dans un gouvernement attaqué par des moyens pareils; le sacrifice immérité d'un homme, devenu un ennemi uniquement par sa position et sa naissance, et contre lequel on n'a pas pu seulement articuler un crime, sera et devra rester pour toujours une tache sur sa mémoire. Des révélations futures pourront peut-être en atténuer la gravité, mais aucune, je le crains, ne parviendra à l'effacer complétement.

Je dois ajouter ici qu'après avoir lu les ordres officiels et la correspondance relative à la capture du duc d'Enghien, il en résulte pour moi que Caulaincourt, duc de Vicence, n'a nullement participé au crime et n'a pris qu'une part très-éloignée, si tant est qu'il en ait pris une, dans les moyens mis en œuvre pour s'emparer de cet infortuné prince. Les ordres furent donnés de Paris par les voies ordinaires. Berthier écrivit et expédia les instructions militaires, Talleyrand, comme ministre des affaires étrangères, se chargea de justifier la violation de la neutralité. Le général Ordener, et *non* le général Caulaincourt, reçut ces instructions; un officier subalterne nommé Charlotte, placé sous les ordres immédiats de ce même général Ordener, et *non* du général Caulaincourt, les exécuta. Je pense que si Caulaincourt ou un autre général de service eût reçu ces ordres, il les eût exécutés sans scrupule. Les autorités civiles et non les autorités militaires, lorsque celles-ci agissent d'après les ordres reçus, sont seules responsables, selon la loi et le bon sens, d'une pareille infraction à la neutralité. Mais, dans le cas dont il s'agit, le général Caulaincourt ne fut pas l'autorité militaire qui reçut les ordres et les exécuta. Il résulte aussi clairement de documents irrécusables qu'il se trouvait à Nancy, distance trop grande de Paris pour qu'il ait pu communiquer avec le gouvernement dans l'intervalle qui s'écoula entre l'arrivée du duc d'Enghien et son exécution. Il n'a pu, par conséquent, avoir aucune influence sur le sort du prince. Ses amis assurent qu'il aurait exercé en sa faveur toute celle dont il aurait pu disposer, et ils ajoutent que lorsqu'il arriva à Paris deux jours après, il s'évanouit en apprenant la mort du duc. Ce degré d'émotion est difficile à comprendre, il faut l'avouer, chez un homme qui n'avait aucune relation avec la victime et qui n'était impliqué dans cette affaire que d'une manière très-éloignée et très-innocente, si tant est qu'il l'ait été d'une manière quelconque. L'allégation d'avoir sollicité d'y être employé, le voyage à Strasbourg dans ce but, la présence de Caulaincourt au conseil de guerre et à l'exécution, ainsi que quelques autres imputations faites à sa conduite, sont évidemment des inventions des libellistes. Les membres de sa famille m'ont assuré que les soi-disant obligations que son père ou ses parents auraient eues au feu prince de Condé, obligations dont on parlait avec tant d'assurance et que l'on représentait avec tant de véhémence comme une aggravation de son prétendu crime, sont également dénuées de fondement. Napoléon, pendant les Cent-Jours, ayant appris que le motif de l'inimitié que les princes de Bourbon ressentaient contre Caulaincourt était la participation supposée de ce général à l'arrestation et à l'exécution de leur cousin, dit au comte Molé : « Mais il n'a rien eu à y faire, pas plus que vous. »

CHAPITRE XII.

Rupture de la paix d'Amiens. — Conversation avec Gallois. — Situation de la France d'après Napoléon. — Le divorce discuté en conseil. — Les Beauharnais et les Bonaparte. — Avances de l'Autriche. — Crédulité de lord Liverpool. — Position de Napoléon après le traité de Campo-Formio. — Son opinion sur le Directoire. — L'expédition d'Égypte est résolue. — Irritation de l'armée contre les savants. — Les mameluks. — Administration de Napoléon. — Sa politique vis-à-vis des cheiks et des Coptes. — Résultats heureux de cette politique. — Conduite opposée de Kléber.

Lorsque la guerre éclata pour la première fois en 1803, Napoléon avait déjà l'idée de changer son titre et de prendre la couronne. Il avait eu cette intention déjà quelque temps auparavant, mais il avait été empêché de la réaliser par ses généraux et surtout par Lannes (1). Il traita en effet toujours ce dernier avec beaucoup d'indulgence et d'affection,

(1) Depuis duc de Montebello, et toujours un soldat généreux, loyal, brave et intrépide, avec des prédilections fortement républicaines.
Lannes est mort en 1809 à Essling dans les bras de Napoléon.

lui permettant de contrecarrer ses projets et ne lui tenant point rigueur de ses déviations aux devoirs les plus importants. Cette conduite tirait sa source du souvenir reconnaissant des anciens services de Lannes et d'une prédilection invariable, peut-être systématique, pour tous ses premiers camarades et ses anciennes connaissances de l'armée. Les épithètes d'ingrat et de vindicatif paraissent devoir être inséparables des titres d'usurpateur et de tyran, si libéralement prodigués par les Anglais à leur formidable ennemi. Et cependant il est rare qu'un ambitieux heureux ait été plus à l'abri que Napoléon du reproche d'ingratitude et de vengeance.

Il fit le traité d'Amiens comme une expérience; mais le langage odieux de nos journaux, la froideur, la jalousie et la méfiance évidente de notre cabinet lui prouvèrent que l'expérience avait manqué. Il employa une des meilleures plumes de France, M. Gallois, à rédiger le rapport sur la paix d'Amiens, dans lequel les articles du traité furent justifiés et les avantages de la paix sérieusement exposés devant la législature. Lorsque lord Whitworth quitta Paris après la rupture, Napoléon fit de nouveau venir Gallois et lui dit : « Eh bien ! l'Angleterre veut absolument la guerre, elle la veut. » Il mit alors sous les yeux de M. Gallois toute la négociation et le pressa de donner son opinion. « L'Angleterre, dit Gallois, aurait pu faire davantage pour maintenir la paix, mais la France n'a pas fait tout ce qu'elle aurait pu pour l'obtenir. » A cette observation, le premier consul répondit qu'il avait déjà dépêché un autre messager pour rattraper lord Whitworth, afin de faire cette dernière tentative (1). Mais, après avoir vanté et démontré les efforts qu'il avait faits pour conserver la paix, et après avoir reconnu que le devoir de la France avait été de ne rien épargner pour prévenir le retour de la guerre, il ajouta avec emphase, mais d'un ton enjoué : « Mais enfin je vous dis, l'Angleterre veut la guerre; elle l'aura, et, quant à moi, j'en suis ravi (2). » Pressé d'expliquer un sentiment si évidemment incompatible avec ses déclarations, il entama une longue, curieuse et lumineuse exposition de la politique. « Si, dit-il, les puissances de l'Europe avaient voulu laisser à la France la jouissance de ses nouvelles institutions sous un gouvernement tranquille et libre, si elles avaient pu se résoudre *de bonne foi* à cultiver les relations d'amitié avec elle, et avec ses dépendances en Italie et en Hollande, la France aurait pu se vouer aux arts de la paix, améliorer sa situation intérieure et se reposer satisfaite de la perspective de prospérité et de liberté qui s'ouvrait devant elle. Mais l'expérience d'une paix d'une année avec

(1) Elle consistait à laisser à l'Angleterre la possession de Malte, mais en stipulant qu'elle emploierait sa médiation auprès du roi de Sicile pour obtenir la cession de Tarente, d'Otrante et encore d'un autre port à la France. Un Génevois nommé Hubert fut porteur de cet ultimatum. Il fut rejeté.

(2) C'est précisément le sentiment exprimé dans un autre langage par M. Pitt, dans son discours sur la rupture des négociations à Lille. La coïncidence est curieuse.

l'Angleterre et de plusieurs années avec les autres puissances ont confirmé mes appréhensions et ont démontré que cet espoir était une déception. Ces puissances n'ont jamais entendu laisser la France en repos. Mais la France, qui plus tard pourrait ne pas se trouver en mesure, est en ce moment pleinement en état de les combattre toutes avec avantage. — Comment cela? dit M. Callois. Quelques années de paix n'ajouteront-elles rien aux ressources de la France? Les effets avantageux de ces changements dont nous n'avons jusqu'à présent ressenti que la secousse, ne deviendront-ils pas sensibles et n'accroitront-ils pas les richesses et la puissance de ce grand peuple? — Accordé, répliqua Bonaparte, mais les richesses et la prospérité peuvent ne pas être précisément les meilleurs instruments pour atteindre le but auquel je vise : d'ailleurs l'armée! les généraux!...» Il dit que ces derniers étaient en ce moment animés par le succès, endurcis à la fatigue, avec leurs fortunes faites à moitié, dans toute la vigueur de l'âge et dans toute l'ardeur de l'ambition. Quelques années de repos, pendant lesquelles le gouvernement serait obligé de les flatter et de les enrichir, ralentiraient leur ardeur et affaibliraient leurs dispositions belliqueuses, et cependant les laisseraient eux, leurs descendants, leurs représentants ou favoris avec des prétentions à l'influence et au commandement qu'il serait difficile et peut-être injuste d'éluder. Dans une pareille situation, le pays ne serait plus en mesure de soutenir la lutte qu'il prévoyait; car il fallait que les grandes puissances du continent fussent non seulement humiliées, mais ébranlées, brisées et démembrées. Dans leur condition présente, elles avaient la volonté, et, après une courte paix, elles auraient le pouvoir de se coaliser pour dépouiller la France des fruits de ses victoires, et peut-être pour lui ravir toutes ses espérances par une contre-révolution. Il développa alors son système tout au long et en détail. Gallois trouva ce système très-vaste et bien combiné, ses vues claires, sinon justes, ses arguments ingénieux et frappants, et sa science presque merveilleuse. Napoléon a suivi le plan dont il fit alors la description, avec peu de modifications jusqu'à son mariage avec une archi-duchesse d'Autriche.

Cette union (qui dans mon humble opinion l'abaissait lui et non pas elle) modifia ses plans à l'intérieur et au dehors, l'entraîna à assimiler son gouvernement de plus en plus aux autres monarchies, et le trompa par l'espoir que les princes de l'Europe pourraient, en considération de ses alliances étrangères et de son autorité à l'intérieur, ne pas lui tenir rigueur des défauts de son écusson, et se réconcilier, grâce à la forme de monarchie héréditaire, avec un titre conféré par la volonté populaire. L'impératrice Joséphine vit ou feignit de voir cette politique sous un jour tout différent. Elle chercha à le détourner de sa résolution, non seulement par ses larmes et ses reproches, mais aussi en lui prédisant que s'il l'abandonnait, sa bonne étoile l'abandonnerait aussi ; car, soit artifice, soit superstition, elle a toujours maintenu que la faveur du sort était mystérieusement attachée à leur union. Il est difficile de déterminer l'époque où Napoléon conçut pour la première fois ce dessein, attendu que tous ses projets étaient le produit de son esprit inventif, et lui étaient rarement, pour ne pas dire jamais, suggérés par autrui. Talleyrand m'a dit que le conseil des ministres et lui-même, entre autres, furent mis dans un singulier embarras par la soudaineté de la proposition. Ils étaient tous assis autour d'une table ronde, discutant les affaires de l'Etat, lorsque l'empereur inopinément coupa court à toute discussion en leur disant qu'il y avait trois points sur lesquels ils avaient à délibérer immédiatement et à décider sans une perte inutile de temps : 1° s'il était nécessaire pour les intérêts de l'Etat qu'il divorçât avec Joséphine, afin de s'assurer un héritier ; 2° si, en le faisant, il devait épouser une princesse alliée à quelque ancienne dynastie en Europe ; 3° lequel d'un mariage russe ou autrichien serait préférable. Cette question mit les courtisans en grande perplexité. La figure de Talleyrand, quand il me raconta ceci, laissait voir encore l'impression que cette scène fit sur lui dans le temps. Il ne fut pas fâché que Cambacérès ayant la préséance sur lui dût parler le premier. De son propre aveu, il éluda une réponse directe, et insinua que les dispositions que pouvait avoir l'impératrice Joséphine à se prêter à une pareille mesure, et les moyens de la mettre à exécution avec ou sans son consentement, devaient être mûrement pesés avant qu'il fût possible de donner une réponse à la première et à plus forte raison aux deux autres questions. Mais quoique Talleyrand n'ait pas été sondé, d'autres membres du conseil l'ont probablement été; plus d'un courtisan avait découvert qu'un pareil sujet pouvait être traité dans la conversation devant ou même avec Napoléon, sans scrupule ni danger. Un homme singulier et obscur, nommé Nisas, prétendit que Joséphine elle-même comprendrait la convenance de cette mesure; et lorsqu'elle lui reprocha d'avoir donné un pareil conseil à l'empereur, il l'avoua franchement, en disant que si elle était bonne Française, non seulement elle se soumettrait et contribuerait à ce divorce, mais elle insisterait elle-même auprès de son mari pour qu'il l'accomplît. Il est difficile de croire qu'un homme, quelque extravagant qu'il fût, se serait hasardé de tenir un pareil langage à l'Impératrice Joséphine, sans avoir reçu de Napoléon quelque insinuation à ce sujet. La famille Bonaparte, soit qu'elle ait obéi à une suggestion de l'empereur, soit par jalousie contre les Beauharnais (mobile fréquent de sa conduite), se montra active dans la poursuite de ce projet et en soutint la convenance, la justice et la nécessité. Talleyrand m'a assuré positivement que ni l'empereur François, ni l'empereur Alexandre n'avaient manifesté la plus légère répugnance pour cette

CHAPITRE XII.

nouvelle union. L'impératrice mère et la jeune grande duchesse s'y montrèrent seules opposées en Russie. L'Autriche sollicita en quelque sorte cet honneur, et un certain Dumoutier (plus tard courtisan outré et ministre sous les Bourbons) fut autorisé à faire parvenir à Napoléon (1) l'assurance que son offre ne serait point considérée comme inacceptable par la cour de Vienne. Les deux cabinets de Vienne et de Saint-Pétersbourg firent en sorte, soit par de secrètes communications, soit par des représentations ultérieures, de tromper (tâche, je présume, assez facile) lord Liverpool et ses collègues, car sa seigneurie m'assura que quant à l'archiduchesse,

« Jamais femme ne fut courtisée d'une façon si bizarre ;

« Jamais femme ne fut de cette façon obtenue ; »
Que ç'avait été un assaut donné plutôt qu'une cour faite à une dame, et que si la dame était un peu moins opposée au mariage que ceux qui l'entouraient, son père et sa famille le déploraient comme un malheur insigne ; et que, quant à la cour de Russie, elle n'aurait jamais subi cette humiliation (2). Napoléon parut véritablement amoureux de Marie-Louise pendant la première année ; il la traita toujours bien ; mais le caractère de cette

(1) Ou plutôt à Narbonne qui la communiqua à Napoléon.
(2) Ceci peut être vrai de l'impératrice mère et de la grande-duchesse d'Oldenbourg (depuis princesse de Wurtemberg) ; mais ne l'est pas d'Alexandre et de ses ministres.

princesse n'était pas fait pour inspirer beaucoup de confiance, et son intelligence n'offrait pas beaucoup de ressources. Plus tard la contrainte à laquelle la cour l'assujettissait lui devint de plus en plus à charge, et, quant à lui, il devint plus réservé et plus cérémonieux, peut-être parce qu'il soupçonnait les desseins ou ressentait la perfidie de la cour de Vienne.

C'est aux futurs biographes et aux historiens de déterminer jusqu'à quel point les premiers pas faits par Napoléon, à diverses époques de sa carrière si remplie d'événements, furent le résultat de l'habileté et de la décision qu'il déploya dans les moments propices ou critiques, ou le produit graduel et naturel d'une prévoyance et d'une industrie bien calculées. Ce qui résulte clairement de quelques observations que Napoléon fit aux Autrichiens, avec lesquels il négociait la paix de Campo-Formio, c'est qu'il n'ignorait point le caractère précaire du gouvernement qu'il servait *alors*, ou plutôt auquel il désobéissait. L'Autriche lui offrit une retraite et même une petite principauté en Allemagne (1). Il refusa ; mais, en donnant les motifs de son refus, il reconnut l'instabilité du Directoire et l'état peu satisfaisant de la France. Effectivement, s'il n'eût pas été convaincu de la faiblesse du Directoire, il se serait difficilement hasardé à désobéir à ses instructions en signant la paix.

(1) Je tiens ce fait de Murveldt, qui négocia ce traité avec lui.

A son retour à Paris, il étudia les individus qui composaient le Directoire et l'administration. Il faisait ressortir leurs faibles avec infiniment d'esprit, découvrait leurs défauts et critiquait leurs mesures avec une sagacité merveilleuse et très-peu de réserve. La société de Paris qui, jusqu'alors, ne voyait en lui qu'un général heureux, comprit que la sagacité de son esprit, la rapidité de son coup d'œil et son intelligence des affaires publiques le rendaient apte à exercer le pouvoir politique. « Ceci ne peut durer, dit-il, ces directeurs ne savent rien faire pour l'imagination de la nation; » mot qui fait voir non seulement son mépris pour le gouvernement alors existant, mais l'opinion qu'il avait en général du caractère français, et sur laquelle reposa en grande partie sa politique ultérieure. Son langage était tellement indiscret, que le Directoire eut l'idée de le faire arrêter. On dit qu'il s'adressa à Fouché dans ce but (1), mais cet homme rusé et vicieux répondit : « Ce n'est pas là un homme à arrêter; encore ne suis-je pas l'homme qui l'arrêtera. »

Quelle que soit l'exactitude de cette anecdote, la jalousie du Directoire n'échappa point à la vigilance de Napoléon. Il s'aperçut avec quelque alarme que ses brillantes victoires, sa paix non moins brillante, et la popularité dont il jouissait dans les cer-

(1) Une question : Fouché était-il ministre de la police avant l'expédition d'Egypte ? (Il fut nommé le 31 juillet 1799.)

cles de Paris, ne suffisaient point à lui assurer dans l'armée et dans le gouvernement l'ascendant auquel il aspirait; et que la découverte de ses projets pouvait avoir des dangers pour lui, nonobstant ses services et ses éclatantes qualités. Guidé par ces considérations, lui, l'auteur de la paix avec l'Autriche et avec Rome, il devint l'adversaire d'une pacification générale, et montra beaucoup d'ardeur à être employé, soit à l'invasion en Angleterre, soit à quelque autre grande entreprise militaire. En attendant, il fit une cour assidue aux savants et aux littérateurs, suivit constamment les séances de l'Institut, affecta de consulter les membres de ce corps sur des matières de gouvernement et de s'entretenir avec eux sur des questions scientifiques. Toutes ces circonstances contribuèrent à l'expédition d'Égypte. Elle fut imaginée en partie pour se défaire de lui, en partie pour lui être agréable, et aussi pour éblouir et pour charmer cette fraction de la société parisienne qui, par la presse et les institutions d'éducation, exerçait une influence considérable sur l'opinion publique.

De son côté, Napoléon accepta le commandement pour divers motifs : par ambition d'abord, par amour de la gloire et aussi parce qu'il avait conscience que l'indiscrétion de son langage avait rendu sa situation en France quelque peu précaire.

On sait par quelle chance heureuse il échappa à la flotte anglaise commandée par Nelson. On remarqua l'attention qu'il prêta à tous les détails de la navigation et au mouvement du vaisseau et de la flotte pendant le voyage. Au premier débarquement, l'armée fut déconcertée par l'aspect du pays, des villes, des villages, du peuple et par les masques étranges des femmes. Les soldats et les officiers furent jetés encore dans une plus grande perplexité par l'insuffisance, et le peu de commodité des moyens de transport pour eux-mêmes et pour leurs bagages, dans la marche qu'ils reçurent ordre d'entreprendre immédiatement. Les chevaux étaient petits et en petit nombre, les chameaux pas beaucoup plus nombreux, et même les ânes, que l'on trouvait en grande quantité, n'étaient point d'une belle espèce et formaient une cavalerie aussi faible et chétive qu'ignominieuse. L'indignation contre les savants, qui passaient pour avoir été les promoteurs de l'expédition, fut des plus vives, et on craignit un moment que les conséquences n'en devinssent menaçantes pour leur sûreté. Cependant lorsqu'on ne leur alloua que des ânes pour les transporter, leur piteuse contenance fit d'eux des objets de dérision plutôt que de colère, et, en donnant matière aux plaisanteries des soldats, ils échappèrent à toute attaque sérieuse et à toute insulte. Eux-mêmes et les humbles bêtes qu'ils montaient devinrent bientôt synonymes. « Voilà un savant, » disait un soldat, lorsqu'il voyait un âne, et « voici la bête à âne, » lorsqu'il parlait d'un savant. Caffarelli, le général Jambe-de-Bois, aux soins duquel ils étaient plus spécialement confiés et qui marchait à leur tête, monté également sur un âne, fut parfois salué du même ton : « Le voilà, s'écriait quelque troupier, il s'en moque bien, celui-là; qu'est-ce que cela lui fait? Il a un pied en France. » Le général Bonaparte tolérait, si même il n'encourageait pas, ces plaisanteries, satisfait de prévenir à ce prix des murmures plus sérieux, qu'il savait pouvoir être provoqués par la situation de son armée.

Dans les premières rencontres (1), des détachements de Mameluks chargèrent l'infanterie avec la plus grande assurance. Ils furent extrêmement étonnés de se voir repoussés par des masses compactes, composées d'hommes qu'ils méprisaient isolément, tant à cause de la petitesse de leur taille que de l'état misérable de leur accoutrement. Mourad-Bey était convaincu que la lâcheté seule pouvait être la cause de la défaite des premières troupes qu'il avait envoyées contre les envahisseurs. Il faillit étrangler l'officier qui les commandait, pour avoir fui devant de pareils « chiens de chrétiens. Quant à moi, dit-il, je vais passer sur

(1) Les détails qui suivent sur l'expédition d'Egypte, bien qu'ils ne soient pas très-importants, m'ont été racontés d'une manière si animée et si naturelle par le général Bertrand à son premier retour de Sainte-Hélène, que j'ai pensé qu'ils valaient la peine d'être consignés ici ; et comme Napoléon aimait, à toutes les époques de sa vie et surtout pendant son exil, à s'entretenir de ses aventures en Egypte, il est très-probable que les souvenirs du général Bertrand avaient été rafraîchis, à Sainte-Hélène, par des conversations à ce sujet avec l'Empereur lui-même.

le corps de ces gens-là, et couper leurs têtes comme des melons d'eau. » Il les attaqua à la tête d'une force considérable, mais sans plus de succès. Cela le rendit encore plus stupéfait et plus irrité. Sa rage fut telle qu'on craignit qu'il ne se suicidât. Lorsqu'il apprit plus tard que les commandants français, et notamment le général Bonaparte et le général Desaix, étaient de petits hommes, il s'imagina que les soldats français étaient fixés ensemble dans une machine, et mis en mouvement par quelque invention mécanique, placée au centre de chaque colonne. Il ne pouvait s'expliquer autrement la fixité de chaque phalange et la régularité de ses mouvements. Une entrevue avec le général Kléber le consola un peu, car ce général était un grand et bel homme. Mourad-Bey dit en l'apercevant qu'il était content de voir qu'il y avait au moins quelques *hommes* dans l'armée avec laquelle il avait dû consentir à faire une trêve. Mais quelles que fussent ses impressions ou celles des autres Mameluks ou Egyptiens sur l'aspect extérieur des généraux français, ils discernèrent bientôt la supériorité morale et intellectuelle de Napoléon. Quelques-uns se mirent à l'aimer, d'autres à le craindre, tous à le respecter.

Après avoir réprimé les insurrections des cheiks, il en fit exécuter soixante immédiatement, et surprit leurs collègues qui vinrent intercéder en leur faveur le matin du jour suivant par la triste nouvelle qu'ils avaient tous péri dans la nuit. Il raconta, quelques années après, cette histoire à M. Fazakerly et à d'autres à l'île d'Elbe, avec une indifférence et même avec un enjoûment qui paraissaient accuser de l'insensibilité ; et quoiqu'il eût ajouté négligemment la remarque qu'il l'avait fait pour montrer que « sa manière de gouverner n'était pas molle, » il omit de raconter les circonstances qui expliquaient et, en quelque sorte, justifiaient la sévérité extraordinaire déployée à l'égard de ce qu'il appelait « les abbés de ce pays-là. » Il ne dit pas non plus de quels actes de clémence et d'encouragement judicieux, prodigués à la même classe, il avait fait suivre ce procédé rigoureux. Les cheiks avaient tramé un massacre des soldats français au Caire. Ils avaient déjà armé et soulevé le peuple pour mettre ce projet à exécution. Les Français étaient exaspérés au plus haut degré. Ils avaient pris soixante cheiks en flagrant délit, et ce n'est qu'avec difficulté qu'on pouvait les retenir de mettre à sac toute la ville, et d'égorger tous ceux des habitants qu'ils croyaient être partisans des cheiks. Cette disposition était tellement générale dans tous les rangs, que les officiers supérieurs, et Kléber à leur tête, firent de vives remontrances à Napoléon sur sa mollesse et insistèrent auprès de lui pour qu'il punît les indigènes et exterminât les cheiks. Le général Kléber ayant trouvé le principal cheik, le promoteur secret et le chef de l'insurrection, enfermé quelques jours après dans un cabinet avec le général Bonaparte, on eut peine à le retenir et à l'empêcher de le mettre en pièces avec son sabre; il ne put s'abstenir de l'insulter dans un langage injurieux, rempli de reproches et de menaces. Mais telle ne fut point la politique de Bonaparte. Il dit au contraire, en particulier au vieux conspirateur lui-même, et en public à la corporation des cheiks qui s'était rendue auprès de lui, qu'il connaissait parfaitement leurs machinations, qu'il avait puni ceux qui étaient les plus coupables, et qu'il était décidé à agir avec la même sévérité à l'égard de ceux dont le crime (car c'est ainsi, bien entendu, qu'il le nommait) était le même et prouvé d'une manière également évidente. Mais, ajouta-t-il, il voulait bien croire qu'ils se repentaient de leurs méfaits et qu'ils étaient avertis des conséquences qu'ils s'attireraient en voulant y revenir; que, sachant maintenant qu'il ne les craignait point, il espérait qu'ils comprendraient l'intérêt réciproque qu'ils avaient à rester amis; qu'il respectait leurs qualités morales et leur religion; que par eux seuls il pouvait apprendre quels étaient les besoins du peuple, et que c'était uniquement par leur intermédiaire qu'il pouvait espérer de rendre justice et de redresser les griefs des habitants. Un langage qui ressemblait si peu à celui que tenaient leurs vrais maîtres, les Mamelucks, ou leurs prétendus souverains, les Turcs, ne manqua pas de produire son effet, surtout lorsqu'il fut suivi de preuves réelles de confiance, et de la participation, dans une certaine mesure, à l'exercice du pouvoir dans les villages et dans les petites villes du pays. Napoléon fit des efforts pour se faire bien venir des cheiks et des Coptes, c'est-à-dire de la masse des habitants, et cela d'après les principes suivants. Les Mamelucks, même en supposant qu'on pût les gagner, ne pouvaient plus être recrutés ni remplacés sous le gouvernement des Français. Quelque utile que leur soumission, où leur appui eût pu être dans l'origine, ils n'étaient plus en état d'assurer aux Français la possession permanente du pays; et Napoléon vit clairement qu'à la fin force serait aux Français de s'appuyer sur une race ou sur une caste, pour maintenir leur empire en Egypte.

Le gouvernement français et lui-même avaient, sur la foi de leurs agents, conçu l'opinion erronée que la Sublime-Porte saluerait avec joie le jour où l'Egypte serait arrachée des mains des Mamelucks, et qu'elle pourrait être amenée à concéder aux Français, ses anciens alliés, qu'ils fussent chrétiens ou non, toute l'autorité que pouvait leur conférer la sanction de sa souveraineté éloignée et de sa suprématie religieuse. Mais ces espérances illusoires ne tardèrent pas à s'évanouir. La nature invétérée de l'hostilité des Turcs fut bientôt comprise par Bonaparte, et il n'était nullement disposé à déprécier leur courage et leurs ressources. Leur infanterie fut, à la vérité, facilement dispersée, et leur cavalerie était bien moins formidable que celle des Mamelucks; mais Napoléon était trop sagace pour ne pas apercevoir les avantages que donneraient à la Sublime-Porte, dans une lutte prolongée, un empire immense, la souveraineté nominale sur les fidèles, et la libre disposition d'un peuple intrépide, obéissant à ses ordres. Les opinions et l'attachement des indigènes pouvaient seuls former un contre-poids. Celles-là dépendaient principalement des cheiks, celui-ci ne pouvait être inspiré que par de bons traitements et un gouvernement juste. Il chercha donc à améliorer la condition, à ménager les superstitions et à pourvoir aux besoins des Coptes, et il s'appliqua à gagner, à contenter et à instruire les cheiks. Il n'est pas vrai qu'il ait embrassé l'islanisme, mais il acquiesça à beaucoup de cérémonies, de salutations et d'usages, et il maintint toutes les observances que les cheiks exigeaient, tant des Français que des Coptes. La Porte, le visir ou d'autres autorités turques expédièrent plus d'un assassin pour lui donner la mort; mais les cheiks, gagnés par sa politique, le prévinrent toujours à temps du complot, et l'aidèrent quelquefois, secrètement et en silence, mais efficacement, à le déjouer. Dans ses tentatives pour améliorer la condition et perfectionner l'industrie des indigènes, il tira parti de ses savants. Dans sa marche sur le Caire, il avait été préoccupé de leur sécurité; une fois arrivé dans cette ville, il ne fut point inattentif à leurs aises. Pour les dédommager des fatigues et des dangers de la campagne, et pour compenser les railleries auxquelles ils étaient exposés, il flattait leur vanité par quelques compliments à leur courage et à leur savoir, insérés dans les bulletins et dans les dépêches. Il les employa à instruire les indigènes dans les divers arts nécessaires à la vie, et à surveiller l'introduction de différentes inventions et de divers instruments, tels que moulins à vent, brouettes, scies à main, etc., qui avaient été jusqu'alors inconnus en Égypte. On a représenté dans le temps le départ de Napoléon de l'Égypte comme une désertion; mais il est bien connu maintenant qu'il avait reçu de son gouvernement une lettre qui l'autorisait officiellement, et en réalité l'invitait d'une manière pressante, à revenir en France. Lorsque Kléber lui succéda dans le commandement, les cheiks supposèrent que les mêmes bonnes dispositions à leur égard ne régnaient plus dans le quartier général de l'armée française. Ils cessèrent de veiller avec quelque sollicitude sur la sécurité du commandant en chef. Un émissaire des Turcs franchit la frontière et voyagea, sans être inquiété, à travers les villages égyptiens. Il se mit aux aguets dans les environs du quartier général, et ayant enfin réussi à rencontrer le général isolé de ses troupes, il lui plongea le fer dans le cœur. Les officiers qui étaient le plus à même de former un jugement à ce sujet (1) m'ont assuré qu'il n'existait point de conspiration dans le pays, et ils étaient persuadés que la vigilance des cheiks eût protégé le général Bonaparte contre les tentatives d'un assassin de cette espèce.

(1) Belliard, Sébastiani, Bertrand.

CHAPITRE XIII.

Opinions politiques de Napoléon. — Leur contradiction avec ses préférences littéraires. — Rôle des écrivains sous son règne. — Influence de Voltaire. — Geoffroy et Talma. — Jugement de Napoléon sur Rousseau. — Le premier consul à Ermenonville. — Les journaux. — Napoléon et Gallois. — Napoléon, Cromwell et Washington. — Impartialité de l'empereur. — Son amour de la justice. — Sa vigilance. — Attention apportée à la comptabilité. — Précision du savoir de Napoléon. — Ses connaissances nautiques. — Anecdotes.

D'après le témoignage de Napoléon lui-même, c'est en Egypte qu'il dégagea son esprit de toutes les illusions républicaines, dont il s'était nourri dans les premières années de sa carrière de gloire. Il est certain qu'après son élévation au consulat, il laissa rarement, sinon jamais, paraître de pareilles propensions. Mais ceux qui l'ont connu de bonne heure et intimement, m'ont assuré que les scènes de la Révolution l'avaient éloigné et même dégoûté de la démocratie; qu'indépendamment de cette répugnance contre toute intervention populaire dans l'exercice de l'autorité, que fait naître la possession du pouvoir, c'était par conscience qu'il comprimait toute tentative pour faire revivre en France, ou produire ailleurs (1), tout excès de cette nature, étant convaincu que le mal que ces excès créaient était immédiat et certain, tandis que le bien qui pouvait en résulter était incertain et problématique. Il savait, en effet, que sa gloire et sa puissance étaient l'œuvre de la Révolution. Il comprenait, et peut-être avec un trop vif sentiment de regret, que les ennemis de ce grand changement détestaient « l'enfant » et le prétendu « champion du jacobinisme. » Il appréhendait même que la prospérité et la stabilité de son gouvernement, quel qu'en fût le nom, consulaire, royal, ou impérial, ne dépendît du maintien de ces principes sur lesquels sont basés et par lesquels sont justifiés les grands changements qui s'opèrent dans une nation. Néanmoins il aimait mieux exposer à quelque danger sa sécurité personnelle, qu'encourager un esprit qu'il jugeait incompatible avec un gouvernement tranquille et une bonne administration de la justice. Semblable à notre Elisabeth d'Angleterre, ses principes et même son tempérament, quoiqu'à un degré différent, n'étaient pas en harmonie avec sa position. Je dis cela à l'honneur de

---

(1) En Irlande, en Pologne, en Espagne.

la vérité et non de Napoléon. Les partisans de l'autorité, de l'ostentation et peut-être de la superstition dans le gouvernement, ont le droit d'invoquer en leur faveur l'opinion de ce grand homme, bien que ses efforts pour gagner leur appui n'aient eu de succès que lorsqu'il n'en avait pas besoin.

Il faut dire cependant que beaucoup de ses actes concernant les royalistes et les républicains, les émigrés et les jacobins, surtout pendant le consulat, avaient leur source dans le désir louable de cicatriser les plaies de la Révolution, et dans l'intention sincère, patriotique et bien mûrie de fondre toutes les classes et tous les partis en France, et de les unir dans la tâche de soutenir le gouvernement et de défendre la patrie commune. Peu de temps après son élévation, il commença en effet à déprécier systématiquement le génie des auteurs dont les écrits passaient pour avoir produit ce changement d'opinion en politique et en religion, qui avait donné la direction, sinon l'existence à la Révolution française. Dans son for intérieur, il a dû admirer Voltaire. Sa propre manière de voir dans beaucoup de choses prouve qu'il l'avait lu et même étudié; et s'il n'en est pas ainsi, elle prouve jusqu'à quel point le génie et le style de cet écrivain, si vif et cependant si exact et si profond, ont pénétré le siècle qui lui a succédé, et influencé indirectement les pensées et les dispositions des plus grands hommes d'Etat de notre temps. J'ai trouvé la confirmation de ces conjectures sur l'admiration que Napoléon avait pour Voltaire, dans ce fait qu'il fit souvent la lecture à haute voix des pièces de théâtre de cet auteur, à la petite société de Sainte-Hélène. Il critiquait, il censurait, il ridiculisait, mais il lisait et relisait la même pièce, et ses pensées étaient fortement occupées de ce sujet. Mais que la tournure satirique de son esprit, et sa vive perception de la sottise et du mensonge fussent ou non empruntées à Voltaire, il prit certainement quelque peine pour décrier la philosophie de ce grand écrivain. Il employa Geoffroy et Fontanes à démolir les encyclopédistes, et à exalter les auteurs du siècle de Louis XIV. Sous prétexte de revendiquer la pureté de langage, la simplicité de composition et le caractère classique du drame et de la poésie française, beaucoup d'attaques couvertes furent dirigées contre les maximes politiques et religieuses des auteurs plus modernes; et des assauts encore moins déguisés furent encouragés contre le caractère moral et les qualités intellectuelles des philosophes. Cependant, tandis que, sous la protection immédiate du gouvernement consulaire et impérial, cette guerre était faite contre l'opinion publique, Napoléon lui-même, soit par quelque prédilection particulière, soit par remords, par candeur ou par caprice, se laissait aller à des actes d'infidélité à ses idoles factices. Il aimait beaucoup, voyait souvent et comblait d'argent et de conseils Talma, dont le jeu si propre à traduire les saillies ardentes de la passion et les changements subits de la fortune, paraissait se rattacher à la nouvelle école, et était en conséquence l'objet des attaques virulentes et incessantes de Geoffroy. Napoléon inspirait, s'il n'écrivait pas, quelque réponse amère aux diatribes de Geoffroy sur le théâtre; et, lorsque ce critique servile avait, dans ses invectives contre Voltaire, dépassé les limites prescrites par la politique de celui qui l'employait, celui-ci expiait secrètement ces outrages au génie disparu, en faisant ériger sans bruit, dans une église de Paris, un monument en marbre au grand philosophe de Ferney, si violemment calomnié. A Rousseau, il ne fit point de réparation pareille. Il parlait toujours de ses ouvrages avec âpreté et dédain, et, dans une circonstance, il saisit l'occasion de le faire d'une manière très-peu gracieuse. « C'était un mauvais homme, un méchant homme, » dit-il un jour, à Ermenonville, à Stanislas Girardin, qui avait été élevé sous les auspices de Rousseau, et dont la propriété était décorée de divers monuments en l'honneur de cet écrivain. M. Girardin faisait valoir la beauté du style et de la composition chez Rousseau, et atténuait les défauts de son caractère en lui attribuant une grande pureté d'intentions et une philanthropie universelle. « Non, c'était un méchant homme; sans lui la France n'aurait pas eu de révolution. » Girardin fit observer en souriant qu'il ignorait que le premier consul considérât la révolution comme un mal absolument sans mélange. « Ah ! » s'écria-t-il, « vous voulez dire que sans la révolution vous ne m'auriez pas eu, moi? Peut-être pas, je le crois; mais aussi la France n'en serait-elle que plus heureuse. » Invité à voir l'ermitage, le chapeau, la table, le fauteuil, etc. de Jean-Jacques, « Ah bah! » dit-il, « non, je n'ai aucun goût pour ces niaiseries-là; montrez-les à mon frère Louis; il en est bien digne. » Le hasard faisait, il est vrai, qu'il était contrarié ce jour-là plus qu'à l'ordinaire : Joséphine l'avait blessé de plus d'une manière. Il était assez pointilleux pour être fâché de ce qu'elle se fût assise avec le reste de la compagnie sans l'attendre; car même, avant d'avoir pris le titre d'empereur, il était devenu tant soit peu exigeant en fait d'étiquette. Il pensait peut-être qu'en insistant sur ce point comme consul, il préparait et familiarisait les esprits avec le cérémonial d'une cour. Il fut aussi mécontent d'une insinuation lancée moitié en plaisantant, moitié sérieusement, que s'il avait eu du bonheur à la chasse, c'était parce que le gibier avait été estropié d'avance, ou parce qu'on avait détourné des animaux apprivoisés pour qu'il tirât dessus. Il était mauvais tireur, mais il se mit en colère plus d'une fois dans sa vie lorsqu'il découvrit des stratagèmes pareils, qui, dans son opinion, comme il le fit justement remarquer, n'étaient qu'une flatterie niaise et humiliante.

Il s'est laissé aller, peut-être à toute époque, mais certainement pendant les premières années de son élévation, à des emportements sans dignité à propos des injures et des calomnies des journaux. Son irritation contre les journaux anglais contribua à l'éloigner de l'Angleterre après la paix d'Amiens, à hâter et à envenimer la rupture entre les deux pays. Il fut cependant frappé d'une remarque de M. Gallois devant qui il se plaignait de la licence de la presse anglaise. M. Gallois fit observer très-pertinemment qu'il avait chez lui volume sur volume de pamphlets également calomnieux contre Louis XIV, mais que rien n'en était resté dans la mémoire des hommes que la susceptibilité fâcheuse dont ce monarque avait fait preuve à cet égard, et les fausses mesures politiques que sa colère lui.avait fait prendre plus d'une fois.

Gallois écrivit le rapport sur la paix d'Amiens, mais il refusa de faire le rapport sur la rupture, qui fut rédigé par Daru d'après les mêmes matériaux qui avaient été offerts à Gallois par le premier consul. Peu de temps après, le nom de Gallois fut porté sur une liste de propositions pour la Légion-d'Honneur; Napoléon eut la faiblesse de le biffer, en disant avec un sourire : « Quand on sait bien parler pour la paix, il faut aussi savoir bien parler pour la guerre. » Il continua néanmoins à s'entretenir quelquefois avec Gallois d'une manière amicale et même confidentielle; mais quoique accueilli avec faveur et même caressé, cet homme indépendant et modeste remarqua que l'impatience de toute contradiction, le penchant pour la guerre et par-dessus tout la détermination aussi bien que la capacité de tout diriger par lui-même, allaient croissant chez Napoléon, et il résolut de ne pas se placer dans une position où il ne pourrait pas exprimer et suivre, avec honneur et sécurité, son opinion sur ce qu'il croyait être juste ou injuste. En conséquence il refusa la préfecture de Besançon, évita toute mission publique et vota silencieusement, mais uniformément, dans les assemblées dont il fut membre, en faveur du parti et des principes qui n'étaient pas hostiles à l'établissement ou à la restauration d'un pouvoir absolu dans l'Etat. Il cessa d'aller aux Tuileries, mais il n'éprouva jamais la moindre vexation ni la moindre persécution du gouvernement consulaire ou impérial. Napoléon se vengeait rarement, même dans toute la plénitude de son pouvoir, par un acte injuste ou illégal, bien qu'il donnât souvent un libre cours à sa mauvaise humeur, en parlant de ceux ou à ceux qui avaient encouru son déplaisir, d'une manière mortifiante pour leurs sentiments ou leur fierté. Les exemples de son humeur vindicative sont très-rares. Ils ont en général plutôt le caractère insultant que sanguinaire; ils font plus de tort à sa tête qu'à son cœur et attestent chez lui le manque d'éducation, de bon goût, et parfois de bons sentiments, et non une noirceur qui permette d'accuser son humanité.

Quel est l'homme qui ait possédé une autorité aussi étendue et aussi disputée, et dont on puisse en dire autant? Washington? Cromwell? Mais si Washington a jamais eu des tentations et des motifs pareils de se venger, il n'a certes jamais possédé le même pouvoir de le faire. La gloire de Washington, plus grande en vérité que celle de César, de Cromwell et de Bonaparte, fut de n'avoir jamais aspiré à un tel pouvoir, et de l'avoir dédaigné (1); mais il ne mérite pas non plus des éloges immodérés pour n'avoir jamais exercé un pouvoir qu'il n'eut jamais. Dans l'affaire du général Lee, il n'a pas, si je me rappelle bien, montré beaucoup de penchant à pardonner. Cromwell lui-même n'a jamais eu le pouvoir de se venger au même degré que Napoléon. On peut cependant avec raison conclure de sa modération et de son indulgence, qu'il aurait usé de cette puissance d'une manière très-réservée. Mais Cromwell est bien moins irréprochable sous le rapport d'un autre vice, l'ingratitude. Napoléon non seulement n'oublia jamais un service, mais, différant en ceci de la plupart des caractères ambitieux, il ne souffrait jamais que des torts postérieurs effaçassent d'anciens mérites. Il fut toujours indulgent pour les fautes de ceux qu'il avait une fois distingués. Il les voyait, quelquefois il les blâmait et les rectifiait, jamais il ne les punissait ni ne s'en vengeait. Plusieurs l'ont blâmé à ce sujet au point de vue de la politique;

(1) Il aurait pu être roi,
  Mais il comprit,
  Combien c'était chose plus facile,
  D'être grand sans justice, que d'être bon avec honneur.
(Vers anglais sur lord Fairfax, par Villiers, duc de Buckingham.)

mais s'il n'y faut voir l'effet ni de la réflexion ni du calcul, il faut donc attribuer cette conduite à son bon naturel. Personne, je le présume, ne voudra l'imputer à la faiblesse ou au manque de discernement.

Il se représentait cependant lui-même comme un homme juste, mais non comme un homme facile. « Je ne suis pas *bon*, non, je ne suis pas *bon*, je ne l'ai jamais été, mais je suis sûr. » La vérité est, comme je l'ai déjà fait remarquer, que sa désaffection et même son déplaisir aboutissaient rarement à la persécution et ne motivaient même pas, pour ceux qui en étaient l'objet, une exclusion permanente de tout avancement, bien que cela les exposât à entendre un langage dur, et à d'autres petites mortifications. Non seulement il laissa de hauts emplois, mais il donna même de l'avancement à des personnes dont les opinions étaient extrêmement hostiles à son système de gouvernement, et à quelques autres dont il avait parlé avec colère et dédain. En réprimant les injustices commises par les autorités inférieures à la sienne, il se montrait impartial, sévère et inflexible. Ni ministre, ni préfet, ni officier, ni aucune autorité militaire ne pouvait se hasarder à outrepasser la lettre de la loi. Jamais gouvernement, en France du moins, ne fut aussi peu militaire que celui de Napoléon ; jamais la justice ne fut rendue entre les particuliers, et même entre le gouvernement et ses sujets, avec plus de fermeté et d'impartialité. Dans la dernière période de son règne (1), il n'y avait, en effet, d'autre garantie quelconque contre les abus que la connaissance, la vigilance et la volonté d'un seul homme; et cependant on peut à peine citer quelques cas, sauf ceux de la conscription, lorsque l'empire avait un besoin pressant d'hommes pour la guerre, où cette confiance dans l'ubiquité de la protection impériale et dans l'impartialité inflexible de son administration, ait failli à un seul de ses sujets. Un préfet ou un militaire qui, sous le gouvernement impérial, se serait mêlé de l'élection des députés, de la nomination des jurés ou des affaires particulières, de la manière qui a été depuis pratiquée dans chaque département, aurait été, pour une pareille intervention illégale et vexatoire, immédiatement puni, sans qu'on eût même besoin de recourir à une réclamation, et les griefs eussent été immédiatement redressés. Les principes de liberté, qui seuls pouvaient garantir des abus les bonnes institutions, ont presque tous été supprimés sous son gouvernement absolu, et n'ont été rétablis et n'ont acquis quelque vigueur que depuis sa chute; mais l'égalité devant la loi (2), l'impartialité dans l'administration de la justice, et la cer-

(1) Cet exposé du gouvernement de Napoléon est emprunté à M. Gallois, qui m'a souvent, et à peu près dans les paroles reproduites dans le texte, esquissé le tableau de la justice et de la vigilance de l'administration impériale. J'ai cherché à le reproduire ici.

(2) « Le Français aime l'égalité, il ne se soucie pas beaucoup de la liberté. » Telle fut la remarque que Napoléon, à

titude d'une prompte réparation dans le cas d'un préjudice infligé par des individus ou par les autorités civiles et militaires, n'ont jamais été plus grandes ni même aussi grandes sous les gouvernements postérieurs et pendant la paix, qu'ils l'ont été sous Napoléon et pendant une guerre soutenue contre la moitié du globe. Je tiens ce remarquable témoignage, rendu au caractère du gouvernement impérial, d'une source qui n'est ni altérée ni suspecte, de M. Gallois (1), qui avait refusé divers emplois sous ce régime, et qui était un ami trop sincère et trop éclairé de la liberté, pour ne pas abhorrer un système basé exclusivement sur les qualités d'un individu. Ce témoignage était le résultat de l'observation et de la réflexion, et non d'un attachement personnel, et encore moins d'un respect habituel pour le pouvoir. Il admettait que la sagacité pénétrante de Napoléon, son activité infatigable, sa connaissance extraordinaire des hommes et des choses et son impartialité ferme et inflexible pouvaient suppléer efficacement pendant sa vie à des institutions bien meilleures; mais il faisait justement observer que les vices inhérents à ce ré-

l'île d'Elbe, fit à lord Ebrington. Si cette remarque est bien fondée, il donna certainement aux Français le gouvernement qu'ils aimaient.

(1) Ce témoignage a été confirmé, dans beaucoup de détails, par d'autres personnes d'un caractère modéré et dignes de foi, qui ont vécu sous le gouvernement de Napoléon, et qui avaient accès près de lui ou près de ses ministres.

gime se feraient certainement sentir, comme cela a eu lieu en effet, du moment où le génie étonnant qui les corrigeait cesserait d'être à la tête de l'Etat.

« Je n'aime pas beaucoup les femmes, ni le jeu, » dit une fois Napoléon à celui qui m'a fourni ces renseignements; « enfin rien ; je suis tout à fait un être politique. » Sa force d'application et sa mémoire paraissaient presque surnaturelles. A peine y avait-il un homme en France et surtout **un fonctionnaire** dont il ne connût pas l'histoire particulière, le caractère et l'aptitude. Il avait, étant empereur, des notes et des tables qu'il appelait la statistique morale de l'empire. Il les passait en revue, et les corrigeait d'après les rapports ministériels, les conversations privées et les correspondances. Il recevait toutes les lettres lui même, et, ce qui paraît incroyable, il lisait et se rappelait toutes celles qu'il recevait. Il dormait peu et ne restait pas un instant inoccupé lorsqu'il veillait. Lorsqu'il avait une heure de loisir, il l'employait souvent à feuilleter un livre de logarithmes, ce qui, d'après un aveu assez surprenant, fut, à toutes les époques de sa vie, une récréation pour lui. Sa mémoire retenait si facilement les chiffres, qu'il se rappelait toujours les nombres sur lesquels il avait une fois jeté les yeux. Il se rappelait le produit respectif de toutes les taxes, dans chacune des années de son administration, et pouvait, en tout temps, en citer la somme jusqu'aux centimes. Il découvrait ainsi les erreurs dans les comptes d'une manière qui semblait presque merveilleuse, et souvent, par un artifice pardonnable, il tirait parti de cette faculté de façon à faire croire que sa vigilance était presque surnaturelle. En parcourant une fois un compte de dépenses, il aperçut un chiffre représentant le prix des rations distribuées un certain jour à un bataillon de passage à Besançon. « Mais le bataillon n'était pas là, » dit-il; « il y a erreur. » Le ministre, se rappelant que l'empereur avait été dans ce temps hors de France, et se fiant à l'exactitude de ses subordonnés, continua à soutenir que le *bataillon* avait dû se trouver à Besançon. Napoléon insista pour que l'on fît une enquête. On découvrit que c'était non une erreur, mais une fraude. Le comptable concussionnaire fut congédié, et cette nouvelle preuve de l'esprit scrutateur de l'empereur circula, avec le récit de cette anecdote, dans toutes les branches du service public, de manière à effrayer chaque commis sur la plus légère erreur qu'il pourrait commettre, de peur d'être découvert immédiatement.

Les connaissances de Napoléon en d'autres matières furent souvent tout aussi précises et presque aussi surprenantes. Les députés suisses, en 1801, ne furent pas les seuls étonnés de le trouver aussi familier avec l'histoire, les lois et les usages de leur pays, que s'il avait employé toute sa vie à les étudier. Les envoyés (1) de la petite république de

(1) Ils se présentèrent devant lui à Boulogne.

Saint-Marin furent encore plus surpris de découvrir qu'il connaissait les familles et les dissensions intérieures de leur petite communauté, et de l'entendre parler des vues, de la situation, des intérêts des différents partis et même de certaines personnes, comme s'il avait été élevé au milieu des petites querelles et de la politique locale de cette société imperceptible. Je me rappelle qu'un habitant de cette petite localité me dit en toute simplicité, en 1814, qu'on s'expliquait ce phénomène par ce fait que le saint patron de la ville était apparu à Napoléon pendant la nuit pour l'aider de ses conseils.

Quelques anecdotes qui m'ont été racontées par l'officier distingué qui l'avait transporté sur le navire l'*Indomptable* à l'île d'Elbe en 1814, prouvent l'étendue, la variété et l'exactitude des connaissances de Napoléon. Lorsqu'il arriva sur la côte pour s'embarquer, en compagnie de sir Neil Campbell, d'un commissaire autrichien et d'un commissaire russe, le capitaine Usher lui rendit visite et fut invité à dîner. Napoléon parla beaucoup des affaires navales, et expliqua le plan qu'il avait conçu autrefois de former une grande flotte de 160 vaisseaux de ligne. Il demanda au capitaine Usher s'il ne pensait pas que la chose eût été possible, et Usher répondit qu'avec les ressources immenses que l'empereur avait alors à sa disposition, il ne voyait aucune impossibilité à construire et à armer un si grand nombre de vaisseaux, mais que la difficulté eût été de former de bons marins, différents de ce que nous avons l'habitude d'appeler des marins d'eau douce. Napoléon répliqua qu'il y avait également pourvu ; il avait organisé pour eux des exercices à flot, non seulement en rade, mais à bord de petits navires sur la côte, et ces exercices les auraient formés pour les manœuvres même les plus difficiles pendant le mauvais temps. Il énuméra entre autres celle de maintenir un navire *paré* de ses ancres par une grosse mer. Le commissaire autrichien, qui supposait que Napoléon parlait d'une manière générale sur un sujet qu'il ne connaissait qu'imparfaitement, avoua sa propre ignorance et demanda quelle était la signification du terme, la nature de la difficulté et la manière de la surmonter. Là-dessus Napoléon prit deux fourchettes, et expliqua ce problème de marine, qui n'est point un des plus faciles, d'une manière si brève, si scientifique et en même temps si pratique, que le capitaine Usher m'assura qu'il ne connaissait que des hommes du métier, et encore en petit nombre, qui, de prime abord, fussent en état de donner une solution de ce problème aussi lucide, aussi digne d'un marin et aussi satisfaisante. Une réunion d'officiers aurait conclu de cette explication, que celui qui la donnait avait reçu une éducation nautique et était un véritable homme de mer. Combien étaient différents les sujets qui depuis longtemps occupaient l'esprit de Napoléon !

Dans le même voyage quand on mit en discussion la convenance d'entrer dans un port de Corse (1) et qu'on fit valoir comme objection l'absence de pilote, Napoléon décrivit la profondeur de l'eau, les écueils, les courants, la situation du port et l'ancrage avec une abondance de détails à faire croire qu'il avait lui-même fait l'office de pilote, et ces détails, quand on recourut aux cartes, se trouvèrent d'une exactitude scrupuleuse. Quand sa cavalerie et son bagage arrivèrent à Porto-Ferrajo, le commandant des transports s'avisa de dire qu'il avait été sur le point d'entrer dans une anse voisine de Gênes qu'il nomma, mais dont j'ai oublié le nom, Napoléon s'écria aussitôt: « Il est heureux que vous n'en ayez rien fait, c'est le plus mauvais mouillage de la Méditerranée. Vous n'auriez pas pu reprendre la mer d'un mois ou six semaines. » Il se mit alors à en expliquer les raisons qui étaient fort concluantes, si les détails qu'il donnait sur cette petite baie étaient réellement exacts. Le capitaine Usher, qui n'en avait jamais entendu rien dire pendant qu'il servait dans la Méditerranée, supposa que l'empereur se trompait ou faisait confusion avec quelque chose qu'il avait pu entendre dire par des marins dans sa jeunesse. Pourtant, quand il mentionna ce fait, quelques années après, au capitaine Dundas, qui venait de faire une croisière dans le golfe de Gênes, cet officier confirma dans tous ses détails la des-

(1) Bastia, je crois.

cription de Napoléon, et exprima son étonnement de son exactitude. « Je croyais, disait-il, avoir fait là une découverte qui m'appartenait, car c'est par mon expérience personnelle, et par des observations que j'ai acquis la connaissance de ce que vous venez de me dire sur cette baie (1). »

(1) C'est le capitaine Usher qui m'a raconté ce fait à Paris, en 1826.

CHAPITRE XIV.

Puissance de travail de Napoléon. — Son désir de tout connaître par lui-même. — Mounier et le bureau des traductions. — Curiosité de Napoléon. — Sa libéralité. — Pauvreté des Jacobins. — Les émigrés et les maréchaux. — Conduite de Napoléon vis-à-vis des princes allemands. — Amusons-nous comme des laquais. — Projets attribués à Napoléon. — Opinion de Talleyrand sur lui. — Goûts artistiques de l'Empereur. — Son écriture et son orthographe. — Ses écrits. — Ses jugements littéraires. — La vérité sur la restauration des Bourbons.

Si l'ardeur à apprendre, la mémoire à retenir, la promptitude à expliquer étaient grandes chez Napoléon, la peine qu'il prenait pour acquérir et mettre en usage ses connaissances n'était pas moindre. Sous le rapport de l'application aux affaires, il aurait épuisé les hommes les plus endurcis au travail. Dans les discussions préparatoires du Code civil, qui durèrent souvent dix, douze et quinze heures sans interruption, il était toujours le dernier dont l'attention se fatiguât. Il était si peu disposé à s'épargner la moindre peine, que même dans la campagne de Moscou, il expédiait régulièrement à chaque administration, à Paris, des instructions détaillées qui, dans tout autre gouvernement que le sien, auraient été, par usage et par commodité, laissées à la discrétion du ministre dirigeant, ou à la routine ordinaire des bureaux. Cet exemple et quelques autres encore de son application sont plutôt surprenants que dignes d'éloges.

Napoléon avait établi sous la direction de Mounier un bureau de douze commis, dont le seul emploi était d'extraire, de traduire, de résumer et de classer par ordre de matières le contenu des journaux anglais. Il avait recommandé à Mounier de ne retrancher aucune attaque contre lui, quelque grossière et virulente, aucune accusation quelqu'injurieuse ou calomnieuse qu'elles fussent. Cependant, comme il n'avait pas parlé spécialement de l'impératrice, Mounier, qui obéissait à regret à ses ordres, se hasarda à supprimer ou au moins à adoucir quelques phrases qui la concernaient; mais Napoléon interrogea d'autres personnes sur le contenu des journaux anglais ; il prit Mounier et ses employés en flagrant délit de mutilation, et leur défendit de retrancher aucune nouvelle ou aucune attaque dans les publications qu'ils étaient chargés d'analyser.

Malgré toutes ses occupations et la multitude des sujets qui réclamaient son attention, il trouvait du temps pour des lectures personnelles et variées. Le bibliothécaire était chaque matin quelque temps à remettre en place les cartes et les livres que l'infatigable et insatiable curiosité de l'empereur avait consultés avant le déjeuner. Il lisait les lettres de toute nature, particulières ou officielles, qui lui étaient adressées ; et on doit, je crois, avouer qu'il prit souvent la même liberté avec les lettres adressées à autrui. Il avait contracté cette injustifiable habitude avant son élévation (1); et telle était son impatience à ouvrir les paquets ou les lettres, que, si on mettait à sa portée ou si on lui annonçait la moindre chose, il différait rarement d'une minute, quelque occupé qu'il fût, le plaisir de satisfaire sa curiosité. Joséphine et les autres personnes au courant de ses habitudes tiraient un parti très-pardonnable de cette faiblesse. Quand elle craignait d'aborder un sujet avec lui, elle le faisait traiter dans une lettre à son adresse, et la lettre était laissée toute cachetée sur le passage de Napoléon. Souvent il satisfit des désirs qu'il croyait avoir découverts par adresse, avec plus de complaisance que s'ils lui avaient été manifestés sous la forme de pétition, de réclamation ou de requête.

Napoléon aimait à tout savoir, mais il aimait aussi que tout ce qu'il faisait eût l'air d'être entièrement spontané. Il éprouvait, comme la plupart des hommes qui gouvernent, de la répugnance à encourager, même chez les gens qu'on aime, l'idée qu'ils exercent de l'influence sur vous, et qu'il y

---

(1) Denon, Méchin et d'autres encore en font foi.

ait un chemin assuré de parvenir à votre faveur. Sa curiosité enfantine en fait de paquets eut une fois pour résultat un acte gracieux de munificence et de bonne humeur. Il était avec l'impératrice et quelques dames quand on lui annonça l'arrivée d'un présent envoyé de Constantinople. Il fit apporter la caisse et se hâta de l'ouvrir de ses propres mains; il y trouva une grande aigrette en diamants; il la brisa en plusieurs morceaux, jeta le plus grand dans le giron de l'impératrice et distribua les autres entre les dames présentes.

Avec le caractère et les habitudes que je viens de dire, on comprend que Napoléon ne se fît pas scrupule d'investir sa police d'une autorité très-vexatoire. Celle-ci était fort active et fort odieuse : mais tel a toujours été et tel est encore l'usage en France. Les agents de Napoléon étaient pour la plupart des émigrés rentrés, d'ex-nobles et de prétendus royalistes. Après la Restauration, beaucoup d'entre eux furent assez indiscrets pour avouer, ou au moins pour prouver par la façon dont ils se plaignaient de la maigre pitance qu'ils recevaient de Louis XVIII, qu'il y avait plus de profit à trahir sous l'usurpateur la cause de la légitimité, qu'à la servir sous un Bourbon. A l'exception des forêts, Napoléon rendit tous les biens qui n'avaient pas été vendus avant son arrivée au pouvoir. Il donna à ces propriétaires déjà remis par lui en possession de leurs biens leur pleine part dans les emplois, dans la faveur et le pouvoir de son gouvernement, et il laissa au petit nombre qui ne voulurent pas le servir la paisible jouissance de leur fortune. Quelque étendues qu'aient été les confiscations pendant la Révolution, la loi barbare de la *corruption du sang* était inconnue en France, et les droits des parents qui n'avaient ni émigré, ni été condamnés par un tribunal demeurèrent inviolables. Cette circonstance, jointe aux restitutions de biens qui eurent lieu sous le Directoire et sous Napoléon, et à la restitution des forêts sous les Bourbons, a rendu le changement opéré dans les possesseurs du sol en France beaucoup moins général qu'on ne le suppose (1). Beaucoup de propriétés ont été divisées par suite de la loi d'égal partage des hérédités, mais elles demeurent dans la famille du propriétaire originel. C'est encore parmi les nobles qui ont porté les armes contre leur pays, parmi leurs descendants et leurs parents, qu'on trouve les plus riches propriétaires de France, et la masse entière des biens confisqués qui ne sont pas aujourd'hui entre les mains des familles auxquelles ils appartenaient en 1793, ou des gens à qui ces familles les ont vendus, n'égalerait pas la valeur des biens que la seule famille des Fitzgerald en Irlande a perdus par confiscation.

Si Napoléon, surtout pendant les premières an-

(1) Mon observation ne se rapporte naturellement qu'aux propriétés des particuliers. Tous les biens du clergé et presque tous ceux des corporations ont été ou vendus ou appliqués à d'autres destinations, et aucun, que je sache, n'a été restitué ni directement ni indirectement.

nées de l'empire, hasarda quelque chose et montra quelque partialité, ce fut par désir de réconcilier la vieille noblesse avec sa dynastie. Une grande partie de ce qu'il donnait sur sa cassette personnelle échut aux nobles, tantôt par munificence ou par charité, tantôt en récompense de services secrets et d'espionnages au dedans ou au dehors. Pendant ce temps les jacobins, exclus par lui de tout poste en évidence, demeurèrent, à l'exception de Barère et d'un ou deux autres dont le nom fut souillé par la corruption aussi bien que taché de sang, dans la pauvreté que leur passage au pouvoir, on doit le reconnaître, n'avait pas diminuée. Beaucoup d'hommes influents au temps de la terreur, plusieurs des directeurs et de leurs ministres vécurent, longtemps après leur retraite, dans l'obscurité et la pénurie sans avoir contracté dans le gouvernement d'un grand et riche pays les habitudes de la dépense, ni acquis les moyens d'y satisfaire (1). Il faut dire la vérité même sur le compte des démons. Les jacobins, tout sanguinaires qu'ils fussent, sont calomniés par ceux qui ajoutent l'amour de la rapine au catalogue de leurs iniquités. Le lâche et cruel Robespierre lui-même avait les mains nettes, et le caractère général de ce parti désorganisateur était le dédain du luxe et de la richesse.

---

(1) On peut leur appliquer à presque tous, les mots qui terminent l'épitaphe de M. Pitt : *Ils moururent pauvres.*

Les fortunes des ministres et des maréchaux de Napoléon ont de même été singulièrement exagérées par les détracteurs de l'Empire. Plusieurs se trouvèrent être fort minces à la mort des propriétaires, et les plus considérables avaient leur source dans le pillage, ou dans la servilité des étrangers. Quand les princes du continent s'abaissaient jusqu'à solliciter une part dans les dépouilles que la victoire mettait à la disposition de Napoléon, ils faisaient usage des moyens qu'ils savaient être les plus usités et les plus efficaces dans leurs cours légitimes, mais sans principes. Ils servaient ou croyaient servir leurs desseins égoïstes en prodiguant l'argent, les présents et les flatteries aux ministres et aux favoris de l'homme qu'ils ont traité depuis de parvenu et d'usurpateur, indigne d'être admis dans leur société princière. Peut-être Napoléon tolérait-il ces pratiques. Il méprisait très-justement et très-cordialement les créatures pusillanimes qui y avaient recours. Il les traitait quelquefois avec dureté et avec insolence (1). Il lui arriva une fois de dîner le chapeau sur la tête, tandis que trois rois et plusieurs princes souverains étaient assis tête nue à sa table. Un jour, revenant

---

(1) N'avons-nous pas vu sa chambre se remplir dès l'aurore d'esclaves couronnés accourus pour le saluer.... Les rois, ses serviteurs, allaient et venaient à pas pressés dans la cour de son palais ; ils se tenaient silencieux en sa présence, les yeux attachés sur les siens, et au moindre signe de sa volonté s'élançaient comme les coursiers sous l'éperon.

(*Tout pour l'amour.*)

en voiture de la chasse avec les rois de Saxe, de Wurtemberg et de Bavière, il s'arrêta à la Malmaison pour faire visite à sa femme divorcée, l'impératrice Joséphine, et il fit attendre ces monarques au moins une heure à la porte. Le roi de Bavière, qui a raconté le fait à la personne de qui je le tiens, fut plus amusé que blessé de l'aventure et s'écria : « Puis qu'on nous traite comme des laquais, il faut nous divertir comme tels. » Il demanda du pain, du fromage, des fruits et du vin, et, dans la voiture ou dans la loge du garde, se régala de cette chère improvisée avec une admirable bonne humeur et un excellent appétit.

Des inconvenances de ce genre n'étaient point rares à la cour impériale. Les mauvaises manières contractées dans les camps ou les clubs, et le formalisme sec et sans dignité, qui dénature la tenue des personnages officiels, se faisaient remarquer dans le salon et dans l'antichambre de l'empereur; mais l'ignorance de nos libellistes a attribué à sa famille et à ses favoris un sans-façon de manières dont il n'y avait point d'apparence et qui n'avait presque pas de réalité. J'ai ouï parler des amours de Napoléon. Elles ne furent ni nombreuses ni scandaleuses. On a nommé une dame polonaise et mademoiselle George, l'actrice. Il eut un fils de la première, et on prétend qu'il a eu deux enfants naturels d'une autre femme. En somme, sa cour, si elle ne fut pas la plus élégante et la plus agréable, fut certainement la moins immorale et la moins relâchée qu'on eût vue en France depuis trois siècles. Il encourageait ses maréchaux, ses généraux et ses ministres à se marier, et il était désireux qu'ils contractassent alliance avec les familles de l'ancienne noblesse. D'un autre côté, il voyait de fort mauvais œil les mariages mal assortis sous le rapport de l'âge, de la fortune ou de la condition.

On a fait le conte qu'il avait dressé la liste de toutes les héritières de son empire avec l'intention de les donner en mariage, même contre leur gré, à ses officiers ou à ses serviteurs favoris. Mais beaucoup de projets qui traversaient cet esprit inventif étaient mis en avant à l'improviste par Napoléon dans la conversation, et ils étaient ensuite colportés par des courtisans et par des admirateurs peu judicieux comme autant de desseins arrêtés. Si ces projets soulevaient de fortes objections de principes, les calomniateurs de Napoléon n'ont pas manqué, après sa chute, d'assurer positivement qu'ils entraient dans les vues du gouvernement impérial et même qu'ils étaient en voie d'exécution. C'est ainsi que l'intention de limiter les études de toutes les écoles, de toutes les universités et de tous les établissements publics à un nombre fixe de livres publiés et imprimés sous le visa de l'autorité, et l'idée de brûler tous les autres livres, et de réduire la bibliothèques impériale et toutes les autres bibliothèques publiques au nombre légal de livres, ont été gravement attribués à l'empereur par des écrivains, des orateurs (1) et des flatteurs qui trouvaient leur compte à propager des calomnies contre un grand homme tombé.

Il est vrai de dire que la conversation de Napoléon était remplie de projets ; tantôt c'étaient de pures fantaisies qui avaient pour objet d'exercer son infatigable intelligence ; tantôt il se proposait de sonder l'opinion d'autrui sur des plans pour lesquels il se sentait quelque inclination ; tantôt il avait réellement en vue d'exécuter et de poursuivre les desseins gigantesques qu'il avait conçus. « Il produi« sait beaucoup, m'a dit M. de Talleyrand. C'est
« incalculable ce qu'il produisait, plus qu'aucun
« homme, oui, plus qu'aucuns quatre hommes que
« j'aie jamais connus. Son génie était inconcevable.
« Rien n'égalait son énergie, son imagination, son
« esprit, sa capacité de travail, sa facilité de pro« duire. Il avait de la sagacité aussi. Du côté du
« jugement, il n'était pas si fort, mais encore,
« *quand il voulait se donner le temps*, il savait pro« fiter du jugement des autres. Ce n'était que ra« rement que son mauvais jugement l'emportait,
« et c'était toujours lorsqu'il ne s'était pas donné
« le temps de consulter celui d'autres personnes. »

Beaucoup des projets de Napoléon se rapportaient aux arts et à la littérature. Tous peut-être étaient

---

(1) Lord Liverpool lui-même n'a pas dédaigné de faire allusion à cette imputation ridicule, et a gravement déclaré, dans la chambre des lords, que l'intérêt des lettres exigeait la chute de Napoléon.

subordonnés à des plans politiques, généralement gigantesques, préparés brusquement et, selon toute vraisemblance, conçus aussi soudainement. Plusieurs étaient des sujets de conversation ou de spéculation, et non pas des desseins sérieux, pratiques et mûris. Quoiqu'il ne fût insensible ni aux arts ni à la littérature, on l'a récemment soupçonné de les envisager comme des instruments politiques ou des ornements, plutôt que comme des source de jouissance personnelle. M. de Talleyrand et plusieurs artistes se sont accordés à dire « qu'il avait le sentiment du grand, mais non celui du beau. » Il avait écrit : « bon sujet de tableau » en regard d'un passage de la traduction d'Ossian par Letourneur, et il avait certainement une passion pour ce poëte. La critique du choix fait par David de la bataille des Thermopyles pour sujet d'un tableau, était d'un général plutôt que d'un connaisseur et sentait son orfèvre, si je puis parler ainsi. Peut-être y avait-il au fond de la malveillance pour l'artiste républicain et de l'antipathie pour un acte de résistance nationale contre un grand envahisseur militaire : « Mauvais sujet, s'écria-t-il, car, après tout, Léonidas fut tourné. » Il avait la faiblesse de vouloir être le personnage dominant dans toutes les peintures qui représentaient les victoires nationales de son temps ; et il vit de mauvais œil le tableau d'un combat en Egypte fait pour madame Murat, et dans laquelle Murat blessé occupait le premier plan.

Le pouvoir rendit Napoléon impatient de toute

contradiction (1) même sur les bagatelles; et dans les derniers temps il n'aimait pas qu'on mît en question ses goûts en musique, art pour lequel il n'avait pas de penchant. Ses connaissances en littérature ont été appréciées de manières très-diverses. Il avait lu beaucoup et écrit fort peu. Il n'était certes pas un adepte, dans la partie mécanique de l'art d'écrire : son écriture était presque illisible. Quelques gens ont essayé de me persuader que cette incapacité était volontaire, qu'elle était uniquement un artifice pour dissimuler sa mauvaise orthographe; qu'il était en état quand il le voulait de bien former ses lettres, mais qu'il n'avait point envie de laisser savoir trop exactement à ses lecteurs quel usage il en faisait. Son orthographe n'était certainement pas correcte; il en était ainsi il y a trente ans de presque tous les Français qui n'étaient pas auteurs de profession. Ses deux frères Lucien et Louis, tous deux lettrés et tous deux corrects dans leur orthographe, écrivaient comme lui et d'une écriture presque aussi illisible, probablement pour la même raison, à savoir qu'ils n'auraient pu écrire mieux sans prendre quelque peine et sans perdre du temps.

(1) Il n'en était point ainsi dans la délibération ni dans la discussion, au moins quand elle avait été provoquée par lui. Il permettait à ses ministres de discuter et même de combattre librement et dans les termes les plus forts, toute mesure en projet, à la condition d'y acquiescer quand elle était décidée. Il aimait que les gens qu'il interrogeait sur des faits ou des opinions lui répondissent sans compliment ni réserve.

Napoléon, une fois consul et empereur, écrivait rarement, mais il dictait beaucoup. Il était malaisé de le suivre, et il faisait souvent difficulté de revoir ce qu'il avait dicté. Quand le secrétaire avait laissé échapper un mot et le demandait, Napoléon répondait avec quelque humeur (1) : « Je ne répéterai pas le mot. Réfléchissez, rappelez-vous le mot que j'ai dicté, et écrivez-le, car pour moi je ne le répéterai pas. » Talleyrand, intéressé probablement à discréditer tous les écrits posthumes, prit beaucoup de peine à la nouvelle de la mort de Napoléon pour persuader à moi et à d'autres que Napoléon ne dictait pas et n'avait jamais pu dicter. Il disait : « Il ne dictait pas ; on ne pouvait écrire sous sa dictée. Il ne savait ni dicter ni écrire. » Mais, excepté Talleyrand et Charles IV d'Espagne, je n'ai jamais vu personne révoquer en doute les facultés de Napoléon pour composer quelque chose, ni son habitude de dicter. Il était, il est vrai, difficile de le suivre et encore plus difficile de le satisfaire dans l'accomplissement de cette tâche, mais M. Bignon et quelques autres (2) se firent à sa manière. Dans les choses importantes, il relisait et corrigeait ce qui avait été écrit sous sa dictée, et il répétait ensuite mot pour mot les phrases qu'il avait composées et revues.

(1) Voir le général Bertrand et Cambacérès.

(2) Mes autorités sont nombreuses : Cambacérès, Barbé-Marbois, Daru, Las Cases, Bertrand et bien d'autres.

Le style de Napoléon était clair : Soyez clair, tout le reste viendra, c'était là une de ses maximes. Dans les questions d'affaires, il tournait en ridicule, et il bravait avec raison l'absurde loi des critiques français qui défendent d'employer deux fois un mot dans une phrase et même dans une page. Il avait fait transcrire et relier sa correspondance en plusieurs volumes in-folio. Le sort de ces volumes est environné de quelque mystère. C'est de là qu'on a tiré les *Lettres inédites* qui ont été publiées. M. de de Talleyrand prétend que les copies différaient quelquefois des originaux, et cela à dessein ; car, suivant lui, Napoléon ne se faisait pas scrupule, même en transcrivant un traité, de substituer un mot à un autre. Les notes de la vie du duc de Marlborough, qui fut imprimée à ses dépens et sur son désir, étaient, dit-on, son ouvrage, et des articles de sa composition paraissaient de temps en temps dans les journaux.

Quand il était jeune homme, il écrivit et publia à Avignon en 1793 ou 1794 un petit pamphlet politique intitulé *le Déjeuner de trois militaires*, et j'ai déjà mentionné qu'il avait envoyé à l'abbé Raynal une histoire manuscrite de la Corse composée avant cette époque. Quoi qu'il en soit de ses écrits, la critique qu'il faisait des ouvrages d'autrui était habituellement juste, et toujours pénétrante et fine. Lemercier lui lut une pièce ayant pour sujet *Pierre le Cruel*. Au moment de sa chute, le tyran abattu était censé prononcer ces paroles :

De tout mon vaste empire, il me reste un rocher.

Napoléon l'arrêta. « Cela n'ira jamais bien, dit-il, vous voulez exciter notre indignation contre un homme, et vous mettez dans sa bouche une remarque pathétique sur le contraste que présentent sa fortune passée et sa ruine actuelle, contraste qui ne peut manquer d'exciter la compassion de toute âme bien réglée. » L'observation était subtile, et, en tenant compte des événements qui suivirent, aussi curieuse que singulière. Il est possible pourtant que ce soient les événements qui aient fait naître ce récit, car le narrateur, quoiqu'un digne homme au fond, était un auteur dramatique. Dans ses lectures, Napoléon inclinait au scepticisme et au paradoxe : par exemple, il tournait en ridicule comme improbable l'histoire de César échappant à la mort dans un bateau et ses paroles au batelier, et il avait une grande inclination à rabaisser les talents, et surtout l'habileté militaire de cet homme extraordinaire.

J'ai vu sa correspondance officielle avec Caulaincourt quand celui-ci prenait part au congrès de Châtillon en 1814. Elle m'a donné la plus haute opinion des talents, de l'intégrité et des tendances pacifiques de ce négociateur ; elle n'a pas, je l'avoue, élevé l'empereur dans mon opinion. Le gouvernement s'y montrait plein de subterfuges et d'artifices ; on entrevoyait l'intention, non seulement de manquer de foi envers les alliés, mais, en cas de besoin, de désavouer et de sacrifier le négociateur qui servait son pays avec zèle, talent et fidélité. Caulaincourt, comme un homme raisonnable et honnête, essayait de mettre à profit les prédilections de l'Autriche pour obtenir de bonnes conditions de paix pour Napoléon. Mais ce prince et ses conseillers immédiats (1) inclinaient davantage à profiter des moindres dispositions favorables de l'Autriche pour semer la dissension entre les alliés; ils étaient évidemment désireux de se faire honneur auprès de la France de leur tendance et de leurs efforts en faveur de la paix, mais au fond ils n'avaient envie ni de l'obtenir, ni, s'ils l'obtenaient, de l'observer.

En attendant, les partisans de la paix à Paris étaient non seulement prêts, mais fort disposés à sacrifier Napoléon lui-même, ce que son négociateur Caulaincourt était résolu à ne pas faire. M. de Talleyrand et le duc d'Alberg firent choix de M. de Vitrolles, un méchant homme, longtemps émigré, et l'auteur de la *Note secrète* de 1818, pour communiquer aux Autrichiens leur désir de savoir quelles conditions seraient imposées à la France, si la France consentait à détrôner et à abandonner Napoléon. Ni M. de Talleyrand ni ses complices ne savaient que l'homme qu'ils employaient dans cette délicate mission fût déjà l'agent de Monsieur et des

(1) Les principaux étaient, je crois, Maret, duc de Bassano, homme bien intentionné et intelligent, mais mobile et obséquieux, et Savary, un des plus vils instruments des volontés de Napoléon.

Bourbons. Ils s'étaient par prudence abstenus d'écrire (1). Talleyrand lui donna seulement quelques bagatelles que le prince Metternich devait reconnaître et qui lui serviraient à prouver qu'il était porteur d'un message.

Quand Vitrolles arriva à Châtillon, les alliés étaient exaspérés de la mauvaise foi de Napoléon, et étaient résolus à exiger un changement de gouvernement comme le prix de la paix avec la France, mais ils n'avaient point arrêté ce que serait cette révolution ou cette contre-révolution. L'Autriche, qui s'était résignée la dernière à sacrifier Napoléon, repoussait encore l'idée de rétablir une famille qui enlèverait à Marie-Louise et à son fils toute chance de monter sur le trône ; elle se fortifiait dans ces dispositions en voyant le silence de la France entière, à la seule exception de Bordeaux, et l'oubli et le mépris où la cause et le nom des Bourbons étaient évidemment tombés. Vitrolles eut l'adresse

(1) On dit qu'il avait une bague que Talleyrand avait reçue de Metternich. Pozzo di Borgo m'a dit qu'il avait aussi deux ou trois mots insignifiants, écrits de la main du duc d'Alberg, dont Metternich ou Nesselrode connaissait l'écriture ; ces quelques mots étaient cachés dans un bouton. Lord Goderich m'a dit aussi (en janvier 1833) que Vitrolles apporta avec lui une lettre d'invitation, ou une lettre de politesse, écrite de la main de lord Castlereagh, à l'adresse de la princesse de Vaudemont, comme une preuve de plus de la mission confidentielle qu'il avait reçue de personnes liées avec Talleyrand et son parti à Paris. On peut avoir eu recours à quelques-uns de ces signes, ou même à tous ; ce qui est incontestable, c'est qu'il en fut employé de cette nature.

de lever toutes ces objections; il convertit sa mission d'enquête en un message formel, et, après avoir produit ses lettres de créance sous forme de lettres ou de bijoux, il assura les alliés que M. de Talleyrand et les autres avaient formé leur complot; qu'ils étaient bien résolus à rétablir les Bourbons, et qu'ils attendaient avec anxiété l'entrée des alliés à Paris et une déclaration en faveur de la famille exilée. Quand les alliés arrivèrent à Paris, ils furent fort surpris de ne point trouver de conspiration organisée (1), et Talleyrand ne le fut pas moins d'apprendre que son nom avait servi à rétablir les Bourbons. Il était pourtant trop avisé pour ne pas faire de nécessité vertu. La Restauration était inévitable, et il était trop habile pour ne pas adopter cet enfant bâtard, mis inopinément à son compte par la prostituée qui l'avait conçu.

(1) Pozzo di Borgo et d'autres encore m'ont confirmé ce point et quelques autres de mon récit. Le tout me vient *indirectement* du duc d'Alberg. Je l'ai raconté tout au long ailleurs, mais je dois en rester là.

Alexandre avait quelque envie de mettre Bernadotte sur le trône de France; plusieurs personnes, mieux instruites des dispositions des Français, inclinaient vers le duc d'Orléans; mais l'Autriche ne voyait qu'une seule alternative : ou Napoléon, ou Louis XVIII; le régent d'Angleterre, à la différence de ses ministres, fut invariablement en faveur de Louis XVIII. (Voir l'Appendice n° 7, sur l'élévation de Louis-Philippe au trône en 1830.)

CHAPITRE XV.

Napoléon à l'île d'Elbe. — Crédulité de sir Neil Campbell. — Les Cent-Jours. — Embarras de Napoléon. — Sa conversation avec le comte Molé. — Sainte-Hélène. — Arrangements et habitudes de l'empereur dans son exil. — Ses conversations. — Ses lectures. — Les pruneaux de Mme Holland. — Maladie de Napoléon. — Ses opinions religieuses difficiles à connaître. — Anecdote du sacre. — Instructions données à M. de Montholon. — Jugement porté par Talleyrand sur l'ensemble de la vie de Napoléon. — Fautes de ce grand homme. — Conclusion.

A l'île d'Elbe, Napoléon parut absorbé dans les détails intérieurs, dans l'arrangement des petites affaires de l'île, et la réception des Anglais qui le visitèrent. Avec quelques-uns d'entre eux, il causa d'une façon sérieuse et pleine de franchise des événements passés, ou en train de s'accomplir. La courte relation que lord Ebrington a fait imprimer est une des peintures les plus heureuses et les plus authentiques de l'esprit, de la vivacité, et de l'intérêt de sa conversation. Sir Neil Campbell se trompa aussi étrangement dans son appréciation du caractère de Napoléon, que dans l'idée qu'il se forma de ses projets immédiats. Je l'ai entendu moi-même déclarer que les talents de Napoléon ne lui paraissaient pas supérieurs à ceux qu'on demanderait à un sous-préfet. Quelques personnes supposent que Napoléon fit naître chez sir Neil une fausse sécurité en lui cachant à dessein ses facultés intellectuelles, aussi bien que ses projets (1). Il est notoire que sir Neil fut frappé de stupéfaction en apprenant que Napoléon était parti de Porto-Ferrajo. Le ridicule que lui valut ce défaut de vigilance exerça plus tard une pernicieuse influence sur les nerfs de sir Hudson Lowe, et contribua à faire adopter par ce geôlier un système plus intolérable pour son illustre prisonnier, et plus honteux pour l'Angleterre que ne l'avait résolu l'étroite politique de notre gouvernement.

On ne saurait guère douter qu'il ne se soit formé une conspiration dans l'armée française, au commencement de l'année 1815, pour expulser les Bourbons ; cependant les chefs n'invitèrent pas, et ils n'avaient pas l'intention d'inviter Napoléon à se mettre à la tête de leur parti. Napoléon apprit probablement l'existence du complot, et sut qu'on ne souhaitait point d'agir de concert avec lui ; mais,

(1) Je soupçonne que sir Neil fut la dupe de sa propre simplicité, des préjugés que les journaux et les pamphlets avaient fait naître dans son esprit, et de la tendance commune de tous les fonctionnaires à croire et à répandre tout ce qui peut flatter la passion ou la malignité des gens qui les emploient.

encouragé par le respect que son nom inspirait encore aux soldats, alarmé de sa situation précaire et des bruits qui couraient sur les desseins du congrès de Vienne, emporté enfin par l'impatience naturelle et l'ambition qui faisaient le fond de son caractère, il débarqua certainement avant que la conspiration eût mûri, et s'empara prématurément, pour les tourner à son profit, de la plupart des matériaux dont une conspiration doit être formée pour réussir. Il vit bientôt que la force de sa cause reposait sur un parti, et sur des principes plus républicains que ceux qu'il avait jusque-là favorisés et encouragés. L'historien recherchera avec curiosité jusqu'à quel point il hésita entre son premier système de gouvernement, et l'établissement d'un gouvernement nouveau plus populaire dans son essence, aussi bien que dans sa forme; et jusqu'à quel point ces fluctuations d'idées, si rares dans sa carrière antérieure, furent produites par le changement de sa situation ou de son caractère, et contribuèrent à consommer sa ruine. Pour moi, ces questions m'entraîneraient trop loin.

Napoléon comprit l'embarras de sa position pendant les Cent-Jours; le comte Molé, qui n'est pas un tribun du peuple, m'a dit que Napoléon exprima de vives appréhensions que le parti républicain ne vînt à l'emporter; qu'il parla avec dégoût et émotion des scènes de la révolution dont il avait été témoin; qu'il fit avec une grande sagacité, mais avec quelqu'amertume le portrait des maréchaux, des ministres et des démagogues qui l'entouraient. Il déplora l'impossibilité d'amener la France à résister aux alliés sans recourir à des moyens « qu'il avait toujours désapprouvés, » et il avoua que s'il avait prévu combien de concessions il lui faudrait faire au parti démocratique pour avoir son appui, il n'aurait jamais quitté l'île d'Elbe. Il ajouta que ses principales chances d'arracher la France à ses dangers intérieurs et extérieurs reposaient sur la coopération cordiale des hommes d'un jugement calme et sain comme son interlocuteur. Cette conclusion de l'entretien fera penser à quelques lecteurs plus pénétrants, et peut-être avec raison, que toute cette conversation prouve chez Napoléon bien plutôt la connaissance des gens à qui il s'adressait que les craintes que lui causait à ce moment ou à tout autre la démocratie. Quel que fut son but, il a incontestablement tenu ce langage, car la personne à qui il s'adressait a trop bonne mémoire pour oublier, et trop d'honneur et de délicatesse pour dénaturer la vérité.

La vie de Napoléon à Sainte-Hélène, ses occupations, sa santé, ses conversations ont été l'objet de publications si nombreuses et si détaillées, qu'en faisant usage des notes que j'ai recueillies de la bouche de ses compagnons d'exil à Longwood, je m'expose à répéter des choses aussi connues qu'incontestables. Il jouait de temps en temps aux échecs et au billard; aux échecs, son habileté était assez grande, mais sa rapidité était intolérable. Au billard, il ne se servait ni de la masse, ni de la queue, mais de la main. Avant d'avoir réglé l'emploi de son temps, il était très-désireux qu'on ne l'abandonnât pas entre le dîner et l'heure de se coucher. Pour empêcher les dames de se retirer, il demeurait longtemps à table, s'efforçait de soutenir la conversation, et quelquefois il envoyait chercher des livres qu'il lisait tout haut aux personnes présentes. Il lisait bien, mais il reprenait trop souvent les mêmes poëmes et les mêmes pièces. Parmi les pièces de théâtre, *Zaïre* était sa lecture favorite ; il dormait quand on lui faisait la lecture, mais il savait fort bien remarquer, et montrait quelqu'humeur si les autres dormaient pendant qu'il lisait. Il surveillait son auditoire avec le plus grand soin, et : Madame Montholon, vous dormez, était une apostrophe qui revenait souvent dans le cours d'une lecture. Il s'animait à propos de tout ce qu'il lisait, surtout de la poésie. Il s'enthousiasmait aux beaux passages, se montrait impatient, fidèle observateur des fautes, et plein de remarques ingénieuses et vives sur le style, la composition et le fond des ouvrages. Il lut d'un bout à l'autre l'*Odyssée* dans la traduction de Dacier, je pense, ainsi que la Bible. Il put à peine venir à bout du premier de ces ouvrages à cause des commentaires qu'il suscita ; et comme il avait été jusque-là très-peu familier avec l'Ancien Testament, il passait tour à tour de la surprise à l'enchantement, de l'irritation au plaisir, suivant qu'il était flatté de la sublimité et de la beauté de certains passages, ou de ce qui lui paraissait l'extravagance et l'absurdité de certains autres. Il exprimait toutes ses impressions avec beaucoup de liberté et d'ardeur, et la forme aussi bien que la substance de ses observations éveillaient et commandaient l'attention de son auditoire. Dans les longues soirées passées à causer, à lire, à critiquer, à raconter, il ne se bornait pas à prendre une très-grande part à la conversation, il se montrait si lumineux et si sérieux et pourtant si philosophe, si calme, si fort au-dessus de tout ressentiment en racontant les évenements de sa vie, que madame Montholon, avec un grand bonheur d'expression, a comparé les sensations éprouvées par les personnes présentes à celles d'une vie future, dans laquelle on contemplerait d'un œil désintéressé les affaires d'un monde qu'on aurait traversé. Napoléon était curieux de tous les livres nouveaux qui arrivaient à Sainte-Hélène; il était loin de bien savoir l'anglais et surtout de pouvoir le parler; néanmoins il se tirait des livres d'histoire et pouvait lire les journaux et les revues. Il finit même par être si fort au courant de nos revues, qu'à l'arrivée de la *Revue d'Édimbourg*, ou de la *Revue Trimestrielle*, il conjecturait d'une manière assez plausible quel était l'auteur de chaque article. L'article publié sur le livre de Warden (1) le surprit et le dérouta à l'excès, mais sans lui déplaire. Les anec-

---

(1) L'auteur de l'article était M. Allen.

dotes de sa première jeunesse qu'on avait sues par moi, et que je tenais du cardinal Fesch et de Louis Bonaparte l'étonnèrent à l'extrême. « Où donc, disait-il, a-t-on pu dénicher tout cela? Je me rappelle chaque chose. Comment ces diables d'Anglais ont-ils pu découvrir ces détails ? »

Son esprit infatigable, qui trouvait en tout matière à recherche et à spéculation, n'était pas exempt de la faiblesse à laquelle sont sujettes les imaginations actives comme la sienne, celle de vouloir découvrir plus de choses qu'il n'en existe réellement, de travailler sur des matériaux qui ne méritent pas cet honneur. Bref, comme le dit le proverbe anglais, *de voir trop loin dans la meule du moulin*. Lady Holland avait déterminé le duc de Bedfort à envoyer un livre à Napoléon; il lui en laissa le choix, et elle différa de se pourvoir jusqu'à la veille du jour où le navire devait mettre à la voile. Elle pria donc un ami d'acheter le premier livre bien relié qui lui viendrait sous la main, chez le libraire, et comme le choix fut fait par une main écossaise, l'Histoire d'Ecosse de Robertson fut assez naturellement le livre choisi. « Pourquoi le duc de Bedfort m'envoie-t-il l'histoire d'Ecosse? disait Napoléon; il doit savoir que je l'ai lue. Il veut me faire entendre de ne jamais accepter, comme Marie Stuart, la juridiction de l'Angleterre. »

Un autre livre lui plut beaucoup, c'était la vie de Marlborough par Coxe, que lui envoya lord Robert Spencer, descendant du grand capitaine.

Dans ses derniers moments, Napoléon désira donner ce livre, comme un souvenir assez bien choisi, à un régiment anglais en garnison dans l'île, dont les officiers possédaient une bibliothèque, et s'étaient montrés extrêmement polis envers lui. Il pria le docteur Arnott, chirurgien du régiment et qui l'avait soigné, de se charger de remettre ce cadeau, mais le docteur reçut de ses supérieurs l'ordre de renvoyer le livre, d'abord parce qu'il n'avait pas été transmis par l'intermédiaire du gouvernement, et en second lieu, parce qu'il portait le nom de l'empereur Napoléon et non celui du général Bonaparte. Pitoyable et ridicule malignité aussi honteuse pour notre gouvernement que pour ses agents.

Le général Bertrand avait fait demander à notre gouvernement le *Polybe* de Folard; cet ouvrage ne fut pas fourni. Napoléon en attendait l'arrivée avec quelque impatience, mais il ne put en avoir un exemplaire que dans les derniers mois de sa vie, et ce fut, je crois, lady Holland qui le lui procura; il le lut sans discontinuer et parla de cet auteur avec une grande admiration. Les habitudes et le régime que Napoléon s'imposa toute sa vie, et surtout dans son exil à Sainte-Hélène, étaient singuliers. Il mangeait peu et très-vite, dînait de bonne heure et assez souvent se passait de déjeuner. Quand il se portait bien, il buvait des vins légers de France et surtout de Lunel, mais jamais avec excès. Dans sa maladie, et même quelque temps avant, il perdit

complétement l'appétit, quoique lady Holland ait
eu le plaisir d'apprendre qu'il avait fort goûté les
confiseries qu'elle lui avait envoyées : on peut même
dire que des fruits secs, qu'il appelait les pruneaux
de madame Holland, furent presque la dernière
nourriture qu'il ait demandée. A Sainte-Hélène, il
se levait à quatre heures ; dans tout le cours de sa
vie, il eut pour habitude de se lever une heure ou
deux, dans le courant de la nuit, et comme il
avait toujours deux lits dans sa chambre, il se
trouvait fort souvent qu'il en avait changé avant
le matin. C'est sans doute dans ses campagnes qu'il
avait contracté l'habitude d'interrompre son repos
par un intervalle de veille, et cette habitude lui
était fort utile dans les moments importants. Après
son premier somme, il réglait et expliquait à tête
reposée tous les arrangements à prendre pour le
lendemain. Puis, après un second sommeil qui réparait ses forces, il surveillait l'exécution des ordres
qu'il avait donnés la nuit, sans que les détails secondaires vinssent interrompre ou retarder les
dernières instructions qu'il eût à donner.

Beaucoup de détails curieux sur le déclin de sa
santé, et la nature de sa maladie, et ses propres observations pleines de sagacité et vraiment caractéristiques sur la cause et le traitement de ses souffrances, se trouvent dans les publications de ses divers médecins, entre lesquels la nature de cette
maladie devint malheureusement le sujet des plus
pénibles discussions. Son père était mort d'un

squirre au pylore, sa sœur, la princesse Borghèse, a succombé depuis à la même affection. Il n'est pas probable que le climat de Sainte-Hélène ait causé cette maladie, mais l'humidité de la partie de l'île qu'il habitait, le chagrin de l'exil et de la captivité, l'éloignement de sa famille et l'absence des secours qu'il aurait pu trouver en Europe (1), peuvent avoir accéléré sa mort et aggravèrent incontestablement ses souffrances.

De tout temps il se montra disposé à traiter en conversation les sujets métaphysiques, et il questionnait avec curiosité les prêtres instruits sur le fondement et la nature de leur foi. Il fut donc désappointé en découvrant que les deux ecclésiastiques envoyés à Sainte-Hélène, et choisis pourtant par le cardinal Fesch, étaient des hommes d'une intelligence médiocre et sans aucune instruction. Le plus âgé, Buonavita, pouvait divertir l'empereur par le récit de ses aventures en Espagne, au Mexique et à New-York, mais il était d'une ignorance grossière. Il dit à Napoléon qu'il ressemblait au plus habile et au plus heureux de tous les généraux romains, à savoir, Alexandre-le-Grand. Je ne sais s'il est vrai que l'empereur pour cette erreur historique l'ait condamné à lire dix pages de Rollin chaque

---

(1) Admettons que la maladie fût incurable, il n'en est pas moins incontestable que tout officier au service qui aurait souffert du mal contre lequel il lutta deux ans, aurait obtenu permission de revenir en Europe prendre l'avis des médecins.

matin (1), et à lui en rendre compte, mais il s'indigna certainement qu'on eût choisi pour son service un compagnon si peu digne d'intérêt. Quels que fussent les sentiments religieux de cet homme extraordinaire, de pareils compagnons n'étaient pas de nature à les affermir ou à les ébranler, à les détruire ou à les modifier. J'ai pris quelque peine pour savoir le peu qu'on puisse apprendre de ses idées sur ce sujet, et je crois devoir donner ici mes renseignements, quoique fort incomplets.

Dans les premiers jours de la révolution, Napoléon, comme la plupart de ses compatriotes, se conforma à la mode de n'envisager, soit dans la conversation, soit dans la pratique, toutes ces questions qu'avec légéreté et même avec dérision. Dans le reste de sa carrière, comme la plupart des hommes qui ont éprouvé d'étranges vicissitudes, il professa, moitié par badinage et moitié sérieusement, une sorte de confiance dans le fatalisme et la prédestination; mais en plus d'une occasion solennelle, et surtout dans les calmes discussions de la vie privée, il ne se borna pas à répudier sérieusement et à condamner l'impiété, mais il laissa voir dans ses paroles et dans ses actions la conviction que lui-même, et tout homme au monde, pouvait par conversion devenir accessible à l'enthousiasme religieux. Il avait

(1) Je crois que cette anecdote repose sur une confusion. Napoléon aimait le plus jeune de ses chapelains, et trouvant que l'éducation de ce jeune prêtre avait été négligée, il lui indiquait des livres à lire, et dirigeait en quelque sorte le cours de ses études.

plus que de la tolérance, il avait de l'indulgence et
du respect pour des idées ascétiques et même extravagantes du devoir religieux. Il justifiait ce sentiment, non pas par la sagesse ou la vérité de ces
idées, mais par l'incertitude de ce qui peut advenir
de notre esprit, et la possibilité pour tous les hommes d'être amenés à admettre et même à embrasser avec ardeur des croyances qui ont commencé
par exciter notre dérision. On a remarqué (1)
qu'il y avait une teinte de superstition italienne
dans son caractère, une sorte de conviction fondée
sur la raison que les doctrines de la révélation n'étaient point vraies, et cependant une persuasion ou
au moins une appréhension de voir venir le jour
où il admettrait leur vérité. Il était convaincu
que les germes de la foi sont profondément enracinés dans le cœur de l'homme. C'est par cette conviction qu'il permit et justifia, quoiqu'il n'osât pas
l'autoriser officiellement, le rétablissement de la
Trappe (2), et des autres ordres religieux austères.
Il prétendait que ces ordres pouvaient jouer le rôle
d'une soupape de sûreté pour l'élément fanatique
et visionnaire, qui sans cela pouvait faire explosion
et troubler la société. Ses remarques sur la mort
de Duroc (3), et les raisons qu'il allégua contre le
suicide, soit dans une discussion calme et spéculative, soit dans des moments de violente émotion,

(1) Pasquier, Stanislas Girardin et plusieurs autres.
(2) Mon autorité est M. Molé.
(3) Voir la relation de lord Ebrington.

comme à Fontainebleau (1) en 1814, impliquent à la fois, la croyance à la fatalité et à la Providence.

Dans le programme du sacre, on avait mis au nombre des cérémonies la réception de la communion par l'empereur. Mais quand ce programme fut soumis à Napoléon, celui-ci, à la surprise des auteurs du projet, manifesta la plus grande indignation (2). « Personne, dit-il, n'avait le moyen de savoir ni le droit de dire quand, ni où il recevrait la communion, ni s'il le ferait ou non. » En cette occasion il ajouta qu'il ne communierait point, et il ne communia point en effet (3).

Il règne quelque mystère sur sa conduite à cet égard à Sainte-Hélène, et pendant les derniers jours de sa vie. Il est certain qu'on disait la messe à la chapelle quand il était bien portant, et dans sa chambre à coucher quand il était malade. Mais quoique j'aie des raisons de croire que les derniers sacrements lui ont été administrés en particulier peu de jours avant sa mort, et sans doute après confession, cependant le comte Montholon, à qui je dois indirectement mes renseignements, a dit aussi

(1) « Aussi ne suis-je pas tout à fait étranger à des idées religieuses, » dit-il au général Sébastiani et au comte de Flahaut, après leur avoir donné des raisons mondaines pour ne se pas tuer.

(2) C'est Gallois qui le dit, et son témoignage est confirmé par beaucoup d'autres.

(3) Les uns attribuèrent cette répugnance à communier à la crainte de déplaire à son armée, les autres à une appréhension secrète, et qui venait de la conscience, de ce qu'il regardait comme une profanation.

qu'il reçut de Napoléon l'ordre formel et précis de dérober à tous ses autres compagnons la connaissance de tous les préliminaires de cette triste cérémonie, et même d'enjoindre au prêtre de répondre à toute question qu'il agissait par les ordres du comte Montholon et sans savoir quels étaient les désirs de l'empereur.

Il semble que Napoléon ait eu le désir de s'assurer la sécurité que l'Eglise peut donner, et pourtant qu'il ait eu honte d'avouer ce désir. Il savait que quelques personnes à Sainte-Hélène, et bien plus en France, regarderaient comme une faiblesse qu'il eût recours à cette consolation. Peut-être en jugeait-il ainsi lui-même. La religion peut chanter son triomphe, la philosophie peut s'écrier : Pauvre humanité, un scepticisme plus impartial peut désespérer de découvrir le motif qui a déterminé Napoléon, mais la vérité et l'histoire doivent, je crois, admettre l'exactitude du fait. M. de Talleyrand, qui, à la nouvelle de la mort de l'empereur, parla de ses facultés intellectuelles, comme je l'ai rapporté plus haut (1), ajouta les remarques suivantes :

« Sa carrière est la plus étonnante qu'on ait vue depuis mille ans. Il a commis trois fautes capitales, et c'est à elles qu'il faut attribuer sa chute, qui est à peine moins surprenante que son élé-

---

(1) Talleyrand m'a dit une fois de lui, en termes formels : « Il était mal élevé. » Et il a plus d'une fois dit et soutenu, et, je le crains, avec trop de fondement, que Napoléon avait peu de respect pour la vérité.

vation : l'Espagne, la Russie et le pape. Je dis le pape, car son sacre, ce fait que le chef spirituel de la chrétienté vînt proclamer que lui petit sous-lieutenant de Corse était le premier souverain de l'Europe, ce fait, quelle qu'en fut la cause, était la gloire la plus grande et la plus complète qui pût échoir à un individu. Après avoir adopté cette façon de constater sa grandeur et de consommer son élévation, il n'aurait jamais dû, pour des motifs relativement insignifiants, descendre à humilier et à persécuter le même pontife. Par là il outragea les sentiments des mêmes gens dont l'inimitié avait été adoucie, et dont l'imagination avait été éblouie par ce coup d'éclat. Ce furent là ses fautes capitales. A part ces trois-là, il a commis peu de fautes en politique, étonnamment peu si l'on considère la multitude des intérêts qu'il avait à ménager, et l'étendue, l'importance et la rapidité des événements auxquels il a pris part. Ce fut certainement un grand homme, un homme extraordinaire, presque aussi extraordinaire par ses talents que par sa fortune. Au moins c'est ainsi qu'en y réfléchissant, moi qui l'ai vu beaucoup, et de près, je suis disposé à le considérer. C'est certainement l'homme le plus extraordinaire que j'aie jamais vu, et à mon avis, l'homme le plus extraordinaire qui ait vécu de notre temps et depuis bien des siècles. »

Une faute peut-être plus funeste par ses résultats qu'aucune des trois dont parlait si justement Talleyrand, est celle dont Napoléon lui-même a fait l'aveu dans ses conversations à l'île d'Elbe, c'est d'avoir négligé de faire la paix après les victoires de Lutzen et de Bautzen en 1813 (1). Ses succès lui auraient permis de demander la paix, ou plutôt de l'accepter ou de l'accorder avec honneur et bonne grâce. Il aurait pu alors obtenir et même exiger des conditions, grâce auxquelles il serait demeuré le plus grand potentat de l'Europe et un des conquérants les plus heureux dont l'histoire moderne fasse mention. Mais il se crut plus fort qu'il n'était, et il se trompait, comme il l'a reconnu lui-même, dans ses calculs. De telles fautes, et cette facilité à les reconnaître ne font que le rendre plus extraordinaire encore. Il est incontestable que l'occasion qu'il dut à ses revers et à son exil, à l'île d'Elbe et à Sainte-Hélène, de passer en revue et de discuter tous les actes de sa vie, et le soin avec lequel il mit cette occasion à profit doivent rendre, et rendront son histoire plus intéressante et plus instructive pour la postérité que celle d'aucun prince et d'aucun grand capitaine depuis Jules César.

(1) Il a fait cet aveu à M. Fazakerley, homme d'une véracité parfaite et d'une mémoire très-sûre, qui le vit à l'île d'Elbe en 1814, et qui depuis m'a souvent rapporté cette partie de leur conversation. Fazakerley, pressé par Napoléon de critiquer franchement sa conduite, lui exprima quelque surprise qu'il n'eût point fait la paix à ce moment : « Mais je « me croyais assez fort, dit-il, pour ne pas la faire, et *je* « *me suis trompé*, sans cela c'était assurément le moment de « faire la paix. »

APPENDICE.

I.

(Voir page 17.)

Lady Holland et M. Allen ont vu, en 1825, l'original de ce testament écrit de la propre main du roi, à l'hôtel Soubise, où il était conservé dans les archives, avec d'autres documents et avec la célèbre armoire de fer trouvée aux Tuileries en août 1792.

L'authenticité de ce testament a été quelquefois contestée, mais elle semble maintenant hors de doute. En effet ce testament a été publié, immédiatement après l'exécution de Louis XVI, par ses *ennemis et ses accusateurs* et non par ses *amis et ses partisans*. Je me rappelle que Talleyrand m'expliqua ce fait avec beaucoup de détails, et il fit à ce sujet cette remarque très-juste : que la plus grande preuve de l'aveuglement et du zèle du parti jacobin, ou de l'état d'exaltation et de fanatisme républicain de l'esprit public dans ce temps, c'était qu'un pareil document, qui se trouvait entièrement au pouvoir de la municipalité, eût été publié avec empressement au lieu d'être supprimé ; et cela dans la conviction qu'en le répandant, on nuirait à la cause de la royauté, et on livrerait à la dérision la mémoire et les principes du roi. L'infatuation de ceux qui s'imaginaient que de pareils sentiments pouvaient faire tort à celui qui les professait, devait être en effet fort singulière.

Le mot attribué à l'abbé Edgworth : « Fils de saint Louis, montez au ciel ! » ce mot qui aurait été prononcé lorsque l'infortuné prince hésitait à gravir l'échafaud, est une complète fiction. L'abbé Edgworth a avoué franchement et honnêtement qu'il ne se rappelait point l'avoir dit. Ce mot a été inventé dans un souper le soir même de l'exécution.

II.

(Voir page 97.)

19 septembre 1838.

J'ai trouvé le prince de la Paix bien changé extérieurement, mais conservant toujours la même expression de figure. De bonne humeur, content de lui-même, avec une pointe de gaîté et de cordialité ; et dans son mauvais français, d'une voix caressante et avec une expression de finesse dans les yeux, il s'est plaint beaucoup de l'ingratitude du monde, enveloppant dans ses plaintes, sans trop de raison, le gouvernement français de qui il reçoit ses seuls moyens d'existence, sous la forme d'une pension modique, il est vrai, mais enfin suffisante pour vivre, de 5,000 fr. ou 200 livres sterling par an. Pour lui, il la compare avec les sommes que lui-même avait allouées en Espagne aux princes et aux nobles exilés de France. Il s'est plaint amèrement de la Tudo, à qui, dit-il, il a été attaché dès sa jeunesse, à qui il a tout sacrifié et pour qui il s'est vu exposé à l'imputation (il a ajouté, je crois, ridicule ou absurde) de bigamie, et qu'il a épousée réellement, tout le monde le sait, après la mort de sa première femme, pour légitimer son fils. Il avait placé sur elle tout ce qu'il possédait hors d'Espagne, et elle l'a abandonné et a tout gardé pour elle-même; de façon qu'il est réduit à la pénurie absolue, et vit sur la petite pension que *Luis Felipe* lui a allouée; car, pour ce qui est de ses terres et de ses *encomiendas* (1), elles ont été distribuées d'une singulière manière. Son *soto di Roma*, du moins tout ce qui lui en avait été donné par Charles IV, a été conféré comme marque de reconnaissance nationale et comme récompense au duc de Wellington, qui, dit-il, a mérité apparemment ce don-là plutôt que tout autre. Cependant, comme il ne connaît aucun arrêt judiciaire qui l'en ait dépossédé, ni rien qui le rende inhabile à posséder, il ne peut considérer cette attribution de ses biens à autrui que comme un *despojo* (2). Quant aux *biens libres*

(1) Commanderies.
(2) Spoliation.

qui en dépendaient (j'ai compris que c'étaient quelques terres ou fermes contiguës ou voisines qu'il avait achetées de ses deniers), ces biens, par un acte arbitraire, mais à ce qu'il croit en bonne forme, du gouvernement, ont été donnés en apanage à la fille qu'il a eue de l'infante de Bourbon, sa première femme. Quant à Albufera et à ses *encomiendas*, elles ont été conférées à l'infant don Francisco; de façon que chaque fois qu'il a réclamé une de ses terres, il a trouvé qu'elle était en possession de quelqu'un qu'il avait peu de chance de déposséder.

Le prince riait assez volontiers de tout cela et de son dénuement, mais il m'a parlé avec une amertume marquée de l'ingratitude de la Tudo, et il a montré de l'indignation et une vanité déplacée en se plaignant d'avoir été dépouillé par les libéraux du titre de généralissime ou du moins de capitaine général, lui qui était en réalité le plus ancien capitaine général de l'Espagne. Il m'a dit que, dans les volumes suivants de ses mémoires, il allait tracer la comparaison entre l'Espagne sous Charles IV et l'Espagne sous les libéraux. Il n'avait pas à se plaindre beaucoup de Napoléon; il avait toujours été son ennemi, et Napoléon lui aurait offert de bonnes conditions de réconciliation si lui il avait jugé honorable ou possible de les accepter. Pendant ses relations avec lui à Bayonne, l'empereur a effectivement cherché, par séduction ou par intimidation, à lui imposer la reconnaissance de Joseph, et, soit alors, soit plus tard, il lui a dit en conversation qu'ayant appris à

connaître davantage l'Espagne, il avait découvert
« qu'on l'avait trompé à son égard, » parce qu'un
homme n'aurait pas pu gouverner par sa propre
autorité, pendant près de vingt ans, un pays contenant une si grande variété d'institutions, de passions, de langues, de races, d'usages et d'opinions,
comme l'était l'Espagne, d'après ce qu'il voyait
maintenant, sans être un homme remarquable.

Le prince m'a dit que Lucien, avec lequel il avait
été intime autrefois, avait décliné d'une manière
assez peu aimable toute relation avec lui, parce que,
disait Lucien, il n'avait pas *ménagé* (il prononçait
menassé) l'empereur dans ses mémoires. Le prince
de la Paix faisait observer qu'il ne lui appartenait
pas, soit d'exalter, soit de critiquer Napoléon ; il était
notoire qu'ils avaient eu peu de rapports ensemble
et des rapports hostiles plutôt que d'amitié, et qu'en
réalité il avait raconté les faits relatifs à la conduite
de Napoléon sans passion, et avec plus de disposition à adoucir qu'à aggraver les passages qui pouvaient prêter à des interprétations défavorables.
J'ai saisi cette occasion de lui dire qu'on pouvait
en général reprocher à ses mémoires, et à ce que je
croyais pour Bonaparte comme pour d'autres, non
pas d'être calomnieux ou injurieux, mais bien plutôt d'être ou trop élogieux, ou trop scrupuleux et
trop officiels dans le récit des faits portant préjudice à la renommée des acteurs. Je me suis hasardé
à ajouter que ses mémoires avaient perdu par là
un peu de l'intérêt qu'ils auraient eu, si, au lieu de

faire le récit des actes et des documents publics, ils les eussent expliqués, attendu qu'à la cour d'Espagne, il a dû être témoin de scènes qui auraient fait la fortune d'un auteur de mémoires *à la française.*

Je lui ai demandé si l'histoire de la longue période qui s'est écoulée entre la célébration et la consommation du mariage de Ferdinand était vraie. Il a fait un signe de tête affirmatif, mais il ne s'est point étendu sur ce sujet, ni sur la conspiration de Ferdinand à l'Escurial sur laquelle Charles IV m'avait donné de si curieux détails. Il m'a dit que j'avais raison de supposer que sa grande délicatesse avait diminué l'intérêt de son livre et nuisait à sa vente; qu'il espérait être moins ennuyeux dans les volumes dont il s'occupait en ce moment; qu'il n'était pas encore arrivé à l'insurrection d'Aranjuez, mais qu'elle trouverait place dans le volume prochain ou dans celui qui le suivrait. Il a montré moins d'amertume envers Ferdinand et plus envers Don Carlos que je ne m'y serais attendu. Il a acquiescé, il est vrai, aux épithètes assez peu mesurées dont j'ai stigmatisé le caractère et la conduite de Ferdinand; mais lorsque j'ai dit, en parlant de Don Carlos, que *celui-ci,* bien que dévot et même bigot, était un « plus honnête homme, » il a repris: « Comment un homme peut-il mériter le nom d'honnête, lorsqu'à la suggestion d'un imbécile ou d'une méchante bête de prêtre ou de moine, il est prêt à assassiner son ami, ou à porter la torche pour allumer le bûcher et brûler ses père, mère, frère, femme, enfant ou les personnes qui lui sont le plus chères? Il peut croire que cela n'est ni malhonnête ni injuste, mais il est capable de considérer comme bon et de faire son possible pour mettre à exécution ce que le monde redoute ou déteste avec le plus de raison. »

L'Espagne est à son avis dans une situation horrible; don Antonio de M....., homme de mérite et de savoir que j'ai connu à Madrid, lui a écrit un mot en lui disant qu'il n'y avait ni loi, ni autorité, ni sécurité dans le pays; que, bien qu'il ne connût aucune décision qui défendît au prince de la Paix de retourner dans sa patrie, il ne pouvait pas dire qu'il fût prudent ou conforme à la loi de le faire, et que lors même qu'il existerait une loi positive permettant ce retour, il ne savait ni comment le prince pourrait en profiter avec quelque sécurité, ni quelle route il devait lui conseiller de prendre.

Il m'a dit qu'il était réduit à une grande détresse et à une grande humiliation; mais je l'ai trouvé moins abattu, et sa conversation plus naturelle et plus franche que je ne m'y serais attendu. Je lui ai demandé s'il avait vu don Francisco, et la manière dont il m'a répondu « non » m'a prouvé que ce prince, qui est notoirement son fils, n'a fait aucune avance pour le voir; car il m'a expliqué d'une manière assez sérieuse pourquoi il ne lui convenait pas de chercher sa protection. Il s'est étendu sur les occasions qu'il avait eues de connaître l'infante avant le mariage de celle-ci à Rome, et m'a parlé de la beauté de sa mère, Isabelle, reine de Naples, qui de toutes manières, je crois, était la sœur de son propre gendre Francisco.

Peu de temps après qu'il m'eut quitté, j'ai rencontré au bas de l'escalier de l'hôtel une dame d'un teint foncé et tant soit peu fastueuse, évidemment d'une origine méridionale ; elle était portée sur un siège par deux ou trois domestiques à l'étage situé au-dessus de celui que nous occupions. J'ai appris que c'était la duchesse de Ineca (du moins elle se fait appeler ainsi). Elle est fille du prince de la Paix, issue de son mariage avec l'infante de Bourbon, et, comme on a pu le voir par le récit rapporté plus haut, elle possède une part considérable des terres du prince. Mais elle ne lui donne pas un sou et même n'entretient aucune relation avec lui. Elle est mariée à un prince romain ; mais les enfants et les parents de la royale épouse du prince de la Paix paraissent le traiter avec la même insensibilité, la même dureté, la même cruauté que le fait son ancienne maîtresse et sa femme actuelle la Tudo, et tous ceux qui tiennent à elle. Celle-ci vit à Madrid, et relativement dans le luxe, pendant que son mari traîne une existence misérable comme pensionnaire et presque comme indigent à Paris, entouré pourtant de parents, d'enfants, de petits-enfants, et que sais-je encore reconnus et non reconnus, et de tout cela, infants et infantes, princesses, duchesses, etc., etc., pas une âme ne daigne s'inquiéter le moins du monde de lui, ou montrer la moindre amitié, le moindre égard, le moindre intérêt pour un homme auquel quelques-uns d'entre eux doivent leur position et leur fortune, et tous, plus ou moins, leur existence même!!! Singulier nom, singulière destinée,

« Pour faire de la morale ou embellir un roman. »

III.

(Voir page 30.)

Godoy dans ses *Memorias* (tome IV, p. 431) a inséré les deux lettres suivantes :

Copia literal de la carta que me dirigio Lord Holland despues del fallecimiento de Carlos IV.

« Excelentisimo senor y muy estimado amigo,

« Al punto que supe et triste acontecimiento que nos han communicado los papeles y recientes noticias de Roma, me acordé de la conversacion que tuvimos la ultima vez que tuve el honor de verle en Verona, y me fui a ver a los ministros a fin de informarme de si pondrian diificultad en que V. tomase su residencia aqui, en caso de que lo juzgase conveniente. De resultas tengo la satisfaccion de asegurarle que no pondran impedimento alguno ni a su desembarque ni a su permanencia aqui. No me han dado por escrito esta su determinacion, porque no quieren que semejante paso pueda mirarse como una especie de convite hecho a V., sino como una contestacion sencilla a una pregunta hecha por un amigo, que por tal me hacen el honor de contarme.

« Por lo demas, si V. lo juzgase conveniente, puede sin reparo alguno venirse a Inglaterra, adonde vivira sin sufrir molestia alguna, como otro cualquier extrangero, aunque bajo una ley que da poder a nuestros ministros a obligar a cualquiera de ellos a salir del reino, si asi lo considerasen necessario a la quietud publica. Pero esta ley, puede V. estar cierto que no sera usada por ninguna preocupacion nacida de acontecimientos politicos ya pasados. Nuestros ministros tienen empeno en manifestar que no la emplean contra ninguno que no se mezcla en negocios politicos, y como me aseguran que no pondrian ningun impedimento a su disembarque, estoy certisimo de que la tal ley no perturbara su quietud cuando se halle en este pais.

« Aunque nada sé de sus planes y determinacion de V. para lo porvenir, me ha parecido que acaso le sera a V. util el saber que en cualquier acontecimiento tiene V. un asilo abierto en este pais. Ojala que nada adverso le obligue a V. a ello! Pero en cualquier caso, tendré la satisfaccion de haber cumplido con un deber de gratitud por las atenciones que he debido a V., y especialmente por la generosa clemencia con que, en 1805, a instancia mia, salvo V. la vida del infeliz Powell. Este favor esta tan vivamente impreso en mi memoria, que no puedo menos de aprovecharme de la primera ocasion que se ofrece, para mostrar mi agradecimiento. Con sinceros deseos de la felicidad de V. quedo su obligado y fiel amigo,

« Q. S. M. B.

V. HOLLAND.

« En Londres, 30 de enero de 1819.

« P. D. Una carta dirigida a *Holland House, Kensington, London*, me halla siempre. »

Copia literal de mi respuesta.

« Roma, 24 de febrero de 1819.

« Milord y mi muy amado amigo,

La carta con que V. me favorece de 30 de enero es la mayor prueba de su amistad y la mas relevante demonstracion de la grandeza de su alma. Si, amigo mio, puedo con verdad y con razon querellarme de los hombres, asegurandole que entre el numero inmenso de personas a quienes he rendido servicios singulares, una sola no he encontrado que haya correspondido a los sentimientos de nobleza que distinguen al hombre honrado del débil; todos, todos han enmudecido al verme perseguido por la suerte, y solo han recurrido a mi los que necesitaban nuevos socorros de mi liberalidad; este es el mundo, y tal lo conocia; pero la prueba ha sido cruel. Puedo no obstante lisonjéarme de poseer un bien singular, ya que el respetable milord Holland me dispensa su amistad; agradezco pues amado amigo, todo cuando ha ejecutado luego que llego a su noticia la ultima desgracia que me aflige, y si las circunstancias del dia no variaren mi suerte mejorandola, seguiré el camino que mi amigo me ha franqueado; seré feliz si algun dia puedo a viva voz demostrarle mi gratitud, y entre tanto concluyo asegurandole la sincera amistad y respeto de su afectisimo servidor,

« Q. L. B. L. M.

El Principe de la Paz. »

IV.

(Voir page 40.)

Voici le texte d'une lettre anonyme adressée à Lady Holland, pour lui annoncer la mort de Napoléon :

« Bonaparte est mort le 5 mai d'un abcès à l'estomac; la nouvelle officielle en est arrivée aujourd'hui.

« Ce 5 juillet 1821. »

Adresse au dos : « Lady Holland. »

V.

(Voir page 44.)

Les neuf lettres suivantes, relatives à la captivité de Napoléon à Sainte-Hélène, sont insérées ici par ordre de date.

« My Lord ,

« C'est vers vous que la justice et l'infortune doivent tourner leurs regards quand elles ont besoin d'un noble appui ; j'étois auprès de l'empereur Napoléon lorsque vous élevâtes la voix dans votre Parlement pour réclamer au nom de l'honneur de votre nation ce que l'humanité, ce que le droit des gens auroient dû prescrire aux ministre de Sa Majesté Britannique ; elle retentit jusqu'à lui cette voix généreuse, et porta dans son cœur les plus douces consolations. Puis-je me flatter que ces mêmes ministres accueilleront la demande que j'ai été chargée de faire pour obtenir le remplacement de M. de Montholon, dans le cas prévu alors et réalisé depuis, où sa santé l'obligeroit à quitter l'Empereur ? La chance la plus favorable pour moi est de compter sur votre intervention. Lorsque j'ai quitté Sainte-Hélène, M. de Montholon étoit comme moi attaqué de la maladie du foie qui me forçoit à m'en éloigner. Son dévouement pour l'Empereur l'a seul empêché de me suivre ; mais ce que je craignois est arrivé ; il m'écrit que son mal s'est accru, et qu'après avoir fait usage des remèdes les plus énergiques, son état est devenu si alarmant que, sans un prompt retour en Europe, ses jours sont dans un imminent péril; mais comme il lui seroit pénible de quitter celui à qui il est devenu nécessaire, sans avoir la certitude d'être remplacé par quelqu'un qui fût en état de se livrer aux occupations du cabinet, il me renouvelle les ordres que j'avois déjà reçus à cet égard. Parmi les personnes nouvellement arrivées à Longwood, aucune n'est en état d'écrire le françois, qu'elles parlent à peine; l'Empereur a absolument besoin d'un homme qui non seulement ait sa confiance, mais qui sache le comprendre. C'est la seule consolation qui lui reste, et il n'est que trop à craindre que de long temps il ne lui en soit accordé d'autre. C'est afin d'obtenir pour cet homme destiné à des titres si délicats, si importants, les permissions nécessaires que je me suis adressée à Lord Bathurst; je n'ai pas essuyé de refus; mais il ne s'est point expliqué sur ma demande que j'avois comprise dans d'autres objets sur lesquels il m'a répondu. Si son silence devoit m'annoncer l'intention de l'écarter, j'ose compter sur vous, My Lord, pour la faire sortir de l'oubli auquel il l'auroit condamnée. Dans un pays où l'autorité des ministres est soumise à l'opinion publique, où de respectables organes de cette opinion peuvent leur demander compte de leurs actes si le ministère se tait, il est doux d'avoir la certitude que les amis de la patrie, les honorables soutiens de la gloire britannique ne se tairont pas; et sur qui cette confiance peut-elle mieux se reposer que sur lord Holland?

« J'ai l'honneur d'être, My Lord, votre très humble et très obéissante servante,

« VASSAL DE MONTHOLON.

« Bruxelles, 31 janvier 1820. »

Stanhope Street, 15 février 1820.

« Mon cher lord

« Si je pensais que la vie du comte Montholon dépendît de son départ de Sainte-Hélène, et ce départ de l'arrivée de quelque personne venue d'Europe pour le remplacer, vous me rendriez, je l'espère, la justice de croire qu'il aurait fallu un motif très-impérieux, en vérité, pour me faire hésiter à donner mon consentement. Mais en fait, je ne pense pas que ce départ dépende de cela. Il n'en existe aucune preuve dans les différentes communications échangées au sujet de ce départ du comte Montholon. Quand même celui-ci aurait résolu de ne quitter Sainte-Hélène qu'après l'arrivée d'un secrétaire auprès de la personne de Bonaparte, il peut partir, car ce désir est accompli. Le prêtre qu'on a envoyé a été choisi par le cardinal Fesch, conformément aux instructions données à son Eminence par Bonaparte à ce sujet, et ces instructions, comme vous le pensez bien, concernaient bien plus les aptitudes civiles que religieuses de la personne en question.

« Je crois que la demande de madame Montholon n'est autre chose (pour employer une expression très-vulgaire) qu'une attrape, et que peut-être elle se rapporte beaucoup plus à l'opposition entre Bertrand et Montholon, qu'à toute autre chose ; car nous deux, mon cher lord, nous ne sommes pas, je l'espère, moitié aussi amèrement opposés l'un à l'autre que ces deux messieurs.

« Ce que je veux faire cependant, le voici : J'écrirai à sir Hudson de faire savoir à Bonaparte que s'il exprime le désir de voir venir une personne d'Europe pour remplacer un de ces messieurs (car en effet ils sont tous les deux prêts à s'envoler, mais ils se surveillent réciproquement), le cardinal Fesch et la princesse Borghèse seront chargés de cette affaire.

« Je suis toujours à vous, mon cher lord, très-sincèrement,

« (*Signé*) Bathurst.

« Je suis obligé de vous laisser le soin de communiquer la substance de cette lettre à madame Montholon de façon qu'elle n'en soit point blessée. C'est, je crois, une femme très-distinguée. »

« Longwood, le 2 septembre 1820.

« Milord,

« J'ai eu l'honneur de vous écrire le 25 juin 1819, pour vous faire connaître l'état de santé de l'empereur Napoléon, attaqué d'une hépathie chronique depuis le mois d'octobre 1817. A la fin de septembre dernier, est arrivé le docteur Antomarchi, qui lui a donné des soins; il en a d'abord éprouvé quelque soulagement; mais, depuis, le docteur a déclaré, comme il résulte de son journal et de son bulletin, que le malade est venu à un état tel, que les remèdes ne peuvent plus lutter contre la malignité du climat, qu'il a besoin des eaux minérales, que tout le temps qu'il demeurera dans ce séjour ne sera qu'une pénible agonie, qu'il ne peut éprouver de soulagement que par son retour en Europe, ses forces étant épuisées par cinq années de séjour dans cet affreux climat, privé de tout, en proie aux plus mauvais traitements.

« L'Empereur Napoléon me charge de vous demander d'être transféré dans un climat européen, comme le seul moyen de diminuer les douleurs auxquelles il est en proie. J'ai l'honneur d'être, Milord, de votre Excellence,

« Le très-humble et obéissant serviteur,

« Le Comte BERTRAND.

« P. S. — J'avais eu l'honneur d'envoyer cette lettre à Sir Hudson Lowe sous cachet volant; il me l'a renvoyée avec la lettre ci-jointe; ce qui m'engage à vous la faire passer directement. Je suppose qu'il en aura pris copie, qu'il vous l'aura envoyée avec ses observations, et qu'ainsi cette circonstance n'aura occasionné aucun retard.

« Le Comte BERTRAND.

« Longwood, le 3 septembre 1820.
« S. E. le Lord Liverpool. »

(*Incluse dans la lettre précédente.*)

Plantation House, 2 septembre 1820.

« Monsieur,

« Les instructions du gouverneur ne lui permettant pas de recevoir aucune lettre des personnes qui résident avec Napoléon Bonaparte, dans laquelle on donnerait à celui-ci le titre d'empereur; j'ai reçu ordre de vous retourner la lettre ci-incluse.

« Le gouverneur désire en même temps que je vous fasse observer qu'il n'a jamais reçu aucune lettre de vous à l'adresse de lord Liverpool, en date du 25 juin 1819. J'ai l'honneur d'être, Monsieur,

« Votre très-humble et très-obéissant serviteur,

« (*Signé*) G. Gorrequer,
« Secrétaire militaire.

« Pour copie,   Pour copie conforme,
« (*Signé*) Bertrand.   Princesse Pauline Borghèse. »

Paris, le 9 décembre 1820.

« My Lord,

« L'intérêt que vous voulez bien prendre au succès de mes démarches, relativement à la demande que je fais au gouvernement anglais d'envoyer un secrétaire à Longwood, me fait espérer que je puis, sans importunité, remettre encore entre vos mains cette cause que je crois juste, et qui, sans doute, le sera à vos yeux.

« J'ai l'honneur de vous adresser ma demande à lord Bathurst; je sais que je ne puis avoir espoir de succès que dans l'intérêt que vous voudrez bien y prendre. Lord Bathurst paraît avoir pris contre moi des préventions qui lui font croire que toutes mes demandes cachent quelque mystère inquiétant. Vous serez persuadé, My Lord, que ce n'est pas vous que je voudrais tromper, et que je n'ai qu'un seul but, celui d'apporter quelque consolation au malheur.

« Je n'entre, vis-à-vis de lord Bathurst, dans aucun détail sur les raisons qui me paraissent devoir être prises en considération ; Son Excellence sait mieux que moi que l'on a permis à Napoléon d'avoir trois officiers généraux, plus M. de Las Cases et son fils. M. de Las Cases a été enlevé sans qu'on ait jamais bien compris pourquoi. Le général Gourgaud a quitté Longwood volontairement. Il ne reste donc plus que deux personnes au lieu de cinq, et je demande d'envoyer M. de Planat comme secrétaire de Napoléon. Ce serait, ce me semble, une barbarie d'exiger qu'il ne partît qu'en remplacement du comte Bertrand ou du comte de Montholon. M. de Planat m'a été désigné par l'empereur comme une des personnes qui lui seraient agréables. On peut même dire qu'il a déjà été choisi par lui, puisqu'il l'accompagnait sur le *Bellérophon*. Son père était propriétaire à Paris. Il est entré au service en

1806 ; il a été aide-de-camp du général Lariboissière et du général Drouot ; il avait été nommé officier d'ordonnance depuis peu, et n'avait obtenu le grade de chef d'escadron qu'au moment où il a suivi Naléon ; il n'a joué aucun rôle, n'est point exilé, et je ne pense pas qu'il soit suspect au gouvernement français. Depuis son retour de Malte, il a toujours vécu en Italie, et est sans fortune, et a reçu un asile auprès de la princesse Eliza (madame Bacciocchi) ; il est encore à Trieste.

« Son départ me donnera l'espoir du retour de M. de Montholon, espoir auquel je dois renoncer à jamais, si le gouvernement anglais refuse la permission d'envoyer un individu qui puisse le remplacer (au moins en partie). C'est assez vous dire, My Lord, ce que je vous devrai, et je ne saurais vous exprimer la reconnaissance dont je suis pénétrée pour l'intérêt que vous voulez bien me témoigner, et dont je sens tout le prix.

« Lord Bathurst est tombé dans une erreur bizarre sur l'aide de cuisine Pérasset ; cuisinier il fut, il est, et il sera vraisemblablement. Ses manières et son langage n'annoncent pas une condition plus relevée.

« Je ne veux pas, My Lord, occuper plus longtemps votre attention.

« J'ai l'honneur d'être, My Lord, votre très-humble et très-obéissante servante,

« VASSAL DE MONTHOLON.

« A Lord Holland. »

« Villa Paolina, 29 juin 1821.

« My Lady,

« Sachant par Lord Gower que vous et My Lord êtes à Paris, je profite d'une bonne occasion pour me rappeler à votre souvenir, et vous prier de vouloir bien me donner des nouvelles de mon bien-aimé frère, dont l'état de santé m'inquiète beaucoup, par les bruits que l'on fait répandre sur son mauvais état. Nous n'avons reçu aucune nouvelle du prêtre qui est arrivé de Sainte-Hélène; il vous serait peut-être possible, My Lady, de vous en informer, et de me donner des nouvelles positives.

« J'espère que vous êtes satisfaite de votre santé; la mienne a peu souffert de la mauvaise saison que nous avons ici. Je vous prie, My Lady, de me rappeler au souvenir de My Lord, et de recevoir pour vous l'assurance de mes sentiments d'affection et de reconnaissance, pour toutes les marques d'affection que vous n'avez cessé de donner à mon frère.

« Princesse PAULINE BORGHESE.

« A Lady Holland. »

« Londres, ce 17 août 1821.

« Milord,

« J'ai reçu la lettre que vous m'avez fait l'honneur de m'écrire le 17 de ce mois. J'ai été extrêmement sensible à cette marque de votre intérêt. Je regrette beaucoup que vous ayez été absent de ce pays à mon arrivée. Ma première visite eût été certainement chez vous, vous le seul dont la voix se soit élevée dans le sénat britannique contre le cruel exil où a péri si malheureusement le grand homme que la France pleurera longtemps. Vous vous êtes acquis, Milord, des droits sur tous les cœurs généreux et à la reconnaissance de tous les amis de l'empereur. Veuillez me compter parmi ceux qui n'en perdront jamais le souvenir.

« Permettez que lady Holland trouve ici l'expression des sentiments de gratitude que nous devons à la constance de ses soins et de ses attentions pour le proscrit de Sainte-Hélène. Elle a réussi à adoucir les ennuis de son exil; l'arrivée d'une caisse de livres les lui faisait oublier. Tranquille sur le jugement de la postérité, il aimait, cependant, à retrouver, dans les bons ouvrages, qu'il était apprécié par ses contemporains, et les libelles lui fournissaient souvent l'occasion d'éclaircir des faits curieux. En un mot, les livres nouveaux étaient pour lui une distraction agréable et un sujet de conversations intéressantes. Le souvenir que l'empereur a destiné à Lady Holland est conservé avec soin, et lui sera remis par le général Montholon.

« Ma femme se joint à moi pour offrir à lady Holland ses remercîments des cadeaux, livres, attentions de toute espèce dont elle nous a comblés pendant notre séjour à Sainte-Hélène. Elle lui écrira pour la remercier de sa lettre et du logement qu'elle lui destinait à Holland-House ; comme elle est dans un mauvais état de santé, elle ne compte pas encore quitter Londres.

« Veuillez agréer, Milord, les sentiments de haute considération avec lesquels j'ai l'honneur d'être

« Votre très-humble et très-obéissant serviteur,

« Le Comte BERTRAND.

« The Lord Holland, Paris. »

Lyons Inn, vendredi 17 janvier 1823.

« Madame,

Ne voulant pas me fier complétement à ma mémoire, quant à la substance du manuscrit dicté à Sainte-Hélène, j'ai écrit à Emmanuel de Las Cases en le priant de me donner quelques détails à ce sujet, surtout en ce qui concerne le volume qui vient d'être publié par Colburn. Voici sa réponse :

« Vous avez raison de penser que le volume des Mémoires, *dictés par lui-même*, est imparfait. Ce sont de simples brouillons que Gourgaud a arrangés et qu'il a vendus. Avec le temps, les vrais manuscrits paraîtront et feront tomber ce volume. Il y a même deux ou trois additions que l'on a mises pour faire plaisir à certaines personnes.

« Vous avez raison de penser qu'il y avait quelque dissidence entre M. et B. ; cependant, ils sont toujours bien en apparence, mais ils se fâcheront sérieusement si les Mémoires *dictated by himself* paraissent en totalité, ce dont je doute en ce moment. »

Le volume des Mélanges est composé d'extraits tirés d'un manuscrit rapporté par la comtesse Montholon, et je les crois authentiques en tant qu'extraits.

Lorsque Gourgaud était sur le point de quitter Sainte-Hélène, on lui demanda de rendre tout ce qu'il avait d'écrit sous la dictée de l'empereur, et de donner sa parole d'honneur que rien de ce qui avait été ainsi écrit n'était resté entre ses mains. Il remit quelques papiers, et donna sa parole qu'il avait tout rendu; mais environ trois semaines après son départ, on découvrit qu'il avait furtivement emporté quelques *brouillons* de la dictée de Napoléon, avec lesquels il a composé le récit de la bataille de Waterloo qu'il a publié peu de temps après son arrivée en Angleterre, et le volume qui vient de paraître.

Comme je sais que votre seigneurie désire avoir des renseignements authentiques sur ce que le grand exilé a laissé pour la postérité, j'ai pris la liberté de vous soumettre ce qui précède, et j'ai l'honneur d'être, Madame, avec un respect sincère, de votre seigneurie, le très-obligé et très-humble serviteur,

« Barry Q. O'Meara.

« A lady Holland. »

Paris, 16 février 1825.

« Milord,

« Quoique l'incluse que vous m'avez fait l'honneur de m'annoncer ne se soit pas trouvée dans votre pli, les explications que vous avez eu la bonté de me donner m'ont paru tellement complètes, que je n'ai pas eu à regretter de n'avoir point reçu la lettre de M. Fox. Ce que vous me mandez, mon cher Lord, éclaircit autant qu'il était possible la question que j'avais pris la liberté de vous soumettre, et suffit pour tempérer le besoin pressant que je croyais avoir d'une copie figurée du testament de Sainte-Hélène. J'ai été extrêmement sensible à la peine que vous avez prise de m'écrire entièrement de votre main, et surtout d'une main souffrante. J'aime à me persuader que la douleur est à présent disparue. Peut-être la faveur que vous venez de me faire ne sera pas la dernière que j'aurai à obtenir de vous.

« Je désire que la santé de la très-aimable Milady n'ait pas été altérée, comme celle du très-cher Milord son époux, et je prie le respectable couple d'agréer, pour la santé de l'un et de l'autre, les vœux de son dévoué serviteur,

« BERTRAND.

« *P. S.* — Ma femme est un peu souffrante, et me charge de vous adresser ses compliments affectueux.

« Le Lord Holland. »

VI.

(Voyez page 166.)

La lettre autographe à Raynal, mentionnée dans le texte, se trouve dans le Musée britannique (Manuscripts d'Egerton, N° XVII). Comme on pense qu'elle est inédite, on la publie telle qu'elle est dans l'original.

« Monsieur, il vous sera difficile de vous ressouvenir, parmis le grand nombre d'étrangers qui vous importunent de leur admiration, d'une personne à laquelle vous avez bien voulu faire des honnêtetés. L'année dernière vous vous entreteniez avec plaisir de la Corse ; daignez donc jeter un coup d'œil sur cette esquise de son histoire ; je vous présente ici les deux premières lettres ; si vous les agréez, je vous en enverrois la fin.

« Mon frère, à qui j'ai recommandé de ne pas oublier dans sa commission de députés pour reconduire Paoli dans la patrie de venir recevoir une leçon de vertu et d'humanité, vous les remetteras.

« Je suis avec respect
  « Votre très-humble
    « Et très-obéissant serviteur,

  « BUONAPARTE.
  « Officier d'artillerie.

« Ajaccio, le 24 juin, l'an 1er de la liberté.
« M. l'abbé Raynal. »

APPENDICE. 279

Dans les Mémoires de Lucien Bonaparte, prince de Canino, frère de Napoléon, se trouve le passage suivant :

« Napoléon, dans un de ses congés qu'il venait passer à Ajaccio (c'était, je crois, en 1790), avait composé une histoire des révolutions de la Corse, dont j'écrivis deux copies, et dont je regrette bien la perte; un de ses manuscrits fut adressé à l'abbé Raynal, que mon frère avait connu à son passage à Marseille. Raynal trouva cet ouvrage tellement remarquable, qu'il voulut le communiquer à Mirabeau. Celui-ci, renvoyant le manuscrit, écrivit à Raynal que cette petite histoire lui semblait annoncer un génie du premier ordre. La réponse de Raynal s'accordait avec l'opinion du grand orateur, et Napoléon en fut ravi. J'ai fait beaucoup de recherches vaines pour retrouver ces pièces, qui furent détruites probablement dans l'incendie de notre maison par les troupes de Paoli. » — Vol. I, p. 92.

Le manuscrit autographe de deux chapitres de l'histoire de la Corse de Napoléon se trouve en Angleterre, et fait partie de la collection du comte d'Ashburnham.

VII.

(Voir page 236.)

Lettre écrite à une dame en 1832.

« Chère Madame,

« Pourquoi êtes-vous si dure pour Louis-Philippe? Il a eu le malheur d'être le fils d'un homme qui avait peu de principes et beaucoup de vices; d'un homme que plusieurs partis noircissent et vilipendent plus qu'il ne mérite, parce que c'est leur intérêt, et parce que c'était la mode; et cela, à cause de diverses circonstances qu'il serait trop long d'expliquer. Malgré tous ses défauts dans la vie privée, et tous les méfaits que l'on peut lui reprocher dans la vie publique, il fut le père le plus affectueux, le plus indulgent et le plus sagace. Ceci joint à des manières franches et attrayantes, le rendit cher à tous ses enfants, et à son fils aîné Louis-Philippe plus qu'à tout autre.

« Elevé au milieu de la révolution, ce jeune prince s'imprégna de bonne heure des principes populaires et même républicains, se distingua dans la bataille de Jemmapes, se battit contre les envahisseurs de son pays; et, avec l'ardeur naturelle à la jeunesse, il conçut une forte affection et une vive admiration pour le général qui l'avait guidé à la victoire, et qui, en réalité, n'était pas un homme ordinaire, Dumourier. Lorsque son général, emporté par la légèreté de son caractère, et poussé à bout par les mauvais traitements de ceux qui l'employaient, déserta l'étendard de la République, lorsque son père Egalité périt sur l'échafaud sans être convaincu d'aucun crime et sans montrer aucune crainte, et que ses frères furent d'abord emprisonnés et ensuite bannis, Louis-Philippe, sans qu'il y eût de sa faute, mais uniquement par suite de la fausse conduite de son général ou de la sévérité des lois républicaines, se trouva exilé de France. Comme exilé d'ailleurs il ne fut ni le bienvenu ni le protégé des puissances européennes et du parti royaliste, qui détestaient sa maison et son nom, et étaient peu disposés à faire cause commune avec quiconque refusait d'appeler et de conduire les armes de l'étranger au cœur de son pays. A cette période de sa vie, Louis-Philippe était déjà fermement résolu à ne jamais donner son approbation à une pareille conduite, considérée par lui et toute sa famille comme une rébellion. Il ne prit donc point de service à l'étranger, n'accepta aucun secours d'argent des puissances, excepté, je crois, quelque petite assistance pour sa mère de la part des cours avec lesquelles il était allié par le sang. Il pourvut toujours à son existence par ses talents et ses connaissances dans les sciences et les arts, connaissances qu'il devait à l'éducation prévoyante et soignée que son père, au milieu d'une vie dissolue, avait toujours eu soin de lui faire donner. Certes, jusque-là, il n'y a rien à reprendre dans sa conduite. Or, en 1800 ou environ vers cette époque, on supposait que l'état d'anarchie où était la France avait lassé tout le monde; la conviction que ce pays aurait recours à quelque gouvernement tant soit peu plus stable et peut-être d'une nature plus monarchique, était généralement répandue en Europe, et on commençait à en parler assez hautement dans les cercles les mieux informés de Paris. Mais les principes ou l'intérêt retenaient tous les Français qui attachaient quelque prix aux institutions libres ou qui avaient profité de la vente faite sur une grande échelle des biens confisqués, et ils étaient loin de nourrir l'idée de restaurer l'ancienne dynastie, ou du moins les héritiers directs du dernier roi.

« Beaucoup de personnes importantes étaient cependant soupçonnées de songer, et d'autres songaient réellement à la *maison d'Orléans* comme à une sorte de transaction (assez semblable à celle que le roi Guillaume et la maison de Hanovre ont amenée en Angleterre) entre les royalistes zélés d'un côté, et les partisans de la liberté de l'autre. A ce moment, et lorsque des combinaisons pour son élévation au trône commençaient à se produire, le duc d'Orléans, à l'instigation de Dumourier, reconnut spontanément Louis XVIII, et se réconcilia autant que c'était possible, lui et sa famille, avec la dynastie exilée. En prenant cette détermination, il s'écarta incontestablement des principes qu'il avait adoptés au début de sa carrière. Il fit fléchir ces idées élevées, populaires, rigides et républicaines qu'il avait embrassées en commun avec des milliers de jeunes gens enthousiastes dans la première ardeur de la révolution.

« Peut-être a-t-il eu tort, je le crois du moins ; au point de vue de la prudence, il paraît avoir agi peu sagement ; mais au moins cette faute et le moment qu'il choisissait pour la commettre accusaient du désintéressement et de la générosité. C'était la première fois que des vues ambitieuses s'ouvraient devant lui, et il y renonça pour se vouer à la cause de personnes plongées dans l'adversité qui étaient, il est vrai, ses proches, mais qui, dans aucune circonstance, ne montrèrent jamais aucune affection ni pour lui ni pour sa famille, et rarement même de la politesse ou une justice ordinaire.

« Il est vrai que, soit en paroles, soit en actions, il ne montra jamais un dévouement aveugle ni sans restriction. Il prit l'engagement de ne point reconnaître d'autre souverain en France que l'héritier des Bourbons, et de lui être fidèle, si celui-ci était rétabli par les Français sur le trône de ses ancêtres, mais il ne s'engagea point à s'associer et à se concerter avec les puissances étrangères dans le but d'opérer cette restauration par la force, et depuis lors il a observé cette réserve et gardé cette résolution invariablement. On a fait courir le bruit, et peut-être est-il vrai, qu'en Sicile et à Cadix il prit part à quelques intrigues qui trahissaient l'ambition d'arriver à un pouvoir politique en

Espagne. Sa parenté par le sang et par les mariages lui donnait à cela quelque prétention. Mais quand cela serait? Ces projets pouvaient être déraisonnables, présomptueux ou aventureux, mais ils n'étaient ni déshonnêtes, ni injustes, ni inconséquents. Après la restauration de Louis XVIII, fidèle à ses déclarations et d'accord avec ses intérêts, il retourna en France. Fort heureusement les grandes propriétés de sa famille, qui consistaient principalement en édifices et en forêts, n'avaient pas été vendues; elles lui furent restituées, et en effet elles n'auraient pu être retenues par d'autres sous aucun prétexte. Il fut admis en même temps comme prince du sang et comme membre de la Chambre des pairs. Sa conduite après son retour fut irréprochable, et nullement différente de celle du duc de Bourbon et des autres princes du sang, mais la manière dont il fut accueilli par le peuple fut à la vérité très-différente. Elle fit une impression beaucoup plus forte et plus durable sur les caractères jaloux, soupçonneux et vindicatifs de la branche aînée des Bourbons que sur le sien. Il fut salué fréquemment dans les rues et au Palais-Royal par des exclamations : *Vivent les d'Orléans! Ah! qu'il ressemble à son bon père! Celui-là n'a jamais porté les armes contre sa patrie, nous le savons bien.* Même avant les Cent-Jours, la duchesse d'Angoulême, comme l'avait fait sa mère, et la cour avaient commencé à manifester, même dans les bagatelles, leur aversion pour la maison d'Orléans.

« Il est possible qu'au milieu des cabales diverses et des intrigues, ourdies pendant une année par les hommes désaffectionnés, pour se défaire de la *dynastie imposée par des armées étrangères*, quelques personnes aient dirigé leurs vues vers l'expédient qui s'offrait naturellement et raisonnablement, celui d'élever au trône la maison d'Orléans; expédient analogue à l'établissement qui a si bien réussi en Angleterre. Mais on n'a jamais prétendu, je pense, et certainement jamais prouvé que le duc d'Orléans ait eu directement ou indirectement la moindre part à tout cela ni la moindre connaissance de pareils projets. De quelque nature qu'ils fussent, ces projets disparurent en présence du retour subit de Napoléon à Paris, d'où la maison de Bourbon s'enfuit aussi ignominieusement, mais plus promptement, qu'elle n'était venue. Le duc d'Orléans quitta également la France; fidèle à ses engagements, il n'attendit pas Napoléon pour le reconnaître et se soumettre à lui, bien qu'une pareille conduite aurait pu lui offrir des avantages; il abandonna sa fortune et ses propriétés à la merci du gouvernement impérial. Mais si son adhésion à Louis XVIII le détourna de faire sa cour à la dynastie rivale, elle ne suffit point à le faire départir de sa résolution primitive et louable de ne jamais faire la guerre contre son pays. Il n'alla point à Gand. Il n'intervint dans aucun traité, dans aucune entente avec les étrangers, mais se retira à Ham près de Richmond, attendant là, avec patience et dans la pénurie, l'issue de la lutte. Lorsqu'on eut rétabli l'ancien ordre des choses, le duc retourna en vertu d'une permission et d'une invitation en France, quoique l'interdiction faite aux princes du sang de parler et de voter à la Chambre des pairs, sans une autorisation spéciale du roi, fût évidemment dirigée contre lui. Toute la conduite de la famille royale, le roi seul excepté, indiquait suffisamment que l'ancienne hostilité contre sa maison était ranimée, et que la peur et l'impuissance seules empêchaient qu'elle n'éclatât en persécutions, ou du moins en vexations perpétuelles, et en médisances et en calomnies systématiques.

« Pendant tout le règne de Louis XVIII, bien qu'il désapprouvât beaucoup de choses et en déplorât beaucoup d'autres, il n'alla jamais jusqu'à prendre une part active dans l'opposition et n'encouragea point les autres à le faire. Il déclarait avoir des obligations personnelles à Louis XVIII, et cette circonstance, ainsi que son propre honneur, lui défendait, disait-il, tout acte qui pouvait devenir un danger pour le gouvernement du roi, et lui commandait même d'éviter toute démarche de nature à embarrasser ou contrarier ce gouvernement.

« Charles X, après son avénement au trône, lui fit quelques gracieusetés et lui conféra quelques faveurs insignifiantes, mais ce monarque poursuivit uniformément le système politique le plus opposé aux sentiments et aux principes du duc d'Orléans, système qui, dans l'opinion de ce prince, menait à la catastrophe dont nous avons été témoins, et mettait en péril tous les princes et même toutes les fortunes. Il cachait peut-être moins ses opinions à ce sujet que sous Louis XVIII, mais il se garda d'une opposition ouverte et de toute conspiration secrète. Il bornait ses critiques à des conversations familières et à des relations avec les personnes les plus distinguées dans l'opposition *par leurs talents et leur modération*. Les ordonnances parurent et provoquèrent la résistance et la révolution de 1830. Le duc d'Orléans ne fut même pas soupçonné d'avoir pris une part quelconque aux préparatifs de cette résistance. Lorsque le conflit éclata, une absence accidentelle aussi bien que l'inclination personnelle le tinrent à distance; mais tous les partis, y *compris le roi*, commencèrent à tourner vers lui leurs regards et à le considérer comme un homme à qui il fallait déléguer le pouvoir provisoirement et temporairement, afin de rétablir la tranquillité. Le roi le nomma lieutenant du royaume au moment où en réalité il avait perdu tout pouvoir et n'en avait aucun à déléguer; mais tous les partis à la fin acquiescèrent à l'idée de le placer à la tête du pays. La couronne constitutionnelle lui fut offerte et il l'accepta.

« Pouvait-il faire autrement avec prudence et honnêteté? Si vous parlez de son honneur et de ses engagements, vous avouerez qu'il n'était pas plus lié que tout autre membre de la communauté; et il était évident qu'il fallait choisir quelqu'un pour éviter l'effusion du sang, les troubles et l'anarchie. S'il avait refusé, à qui cela aurait-il profité? A Charles X et à l'ancienne cour? Loin de là; ils auraient probablement payé leurs crimes politiques de leur sang ou du moins par la prison et la confiscation. Au lieu de cela, par un acte de clémence presque sans exemple, on leur a permis de sortir à leur aise de leur pays, qu'ils avaient trompé par leurs faux serments, cherché à rendre esclave, et inondé de sang; on leur a laissé emporter des moyens d'existence très-suffisants pour eux-mêmes et pour le misérable résidu d'émigrés rebelles qui ont voulu les suivre. L'indulgence, imprévoyante peut-être et certes à peu près sans précédent, dont on a usé envers la famille exilée, doit être surtout attribuée à la bienveillance de Louis-Philippe et à une convention implicite faite à ce sujet, au moment de son avénement au trône.

« Depuis qu'il a été placé sur ce trône, on a beaucoup cherché à le ridiculiser pour son amour vulgaire de la popularité; et cependant, toutes les fois que la cause de l'humanité l'a exigé, il a exposé promptement et avec joie cette popularité chérie, sans réserve ni hésitation. Il a fait plus; il a risqué d'ébranler la confiance que son propre parti et la garde nationale plaçaient en lui, afin de soustraire à l'action de lois sévères et d'une politique de vengeance des gens qui certainement n'auraient jamais fait preuve de la même modération à son égard. Sauver Polignac et ses collègues ne pouvait être qu'un acte très-impopulaire à Paris, où tant de parents, de veuves et d'orphelins attribuaient justement la mort de leurs enfants, de leurs époux, de leurs pères aux mesures perfides et sanguinaires des anciens ministres. Il est peu douteux, je crois, tant au point de vue légal qu'au point de vue moral, qu'ils avaient encouru la peine méritée par la trahison. Personnellement ils n'avaient aucun droit au bon vouloir du nouveau roi, dont ils avaient toujours repoussé les avis et dont ils détestaient, c'était connu, la famille, le nom et les principes. Et cependant, au risque de nuire considérablement à son pouvoir et encore plus à sa popularité, il se mit en avant et les couvrit courageusement de sa protection pour les sauver de la peine de mort. Tout son règne est marqué au coin de cette même douceur pour ses rivaux et ses ennemis. Il a ébranlé considérablement son empire sur les esprits dans le pays, en se laissant aller à chaque occasion, mais surtout quand il s'agissait des anciens royalistes, à son bon naturel et à sa clémence spontanée. Comparez les procédés employés à l'égard de cette petite duchesse de Berri infatuée d'elle-même, soit aux procédés de l'Angleterre à l'égard de Charles-Edouard et des Stuarts, soit à la conduite des cours d'Espagne, de Portugal ou de Naples vis-à-vis des compétiteurs ou des princes impliqués dans des hostilités ouvertes, ou dans des conspirations dirigées contre elles. Y a-t-il là quelque chose, je le demande, qui puisse exciter l'indignation?

« J'ai entendu dire à quelques gens qu'ils ne détestent pas, mais qu'ils méprisent Louis-Philippe. Pourquoi et pour quelle cause? Ce n'est certainement pas pour le défaut de talent? Autrement, ceux qui le méprisent doivent être des gens bien habiles, car, pour les connaissances, l'éloquence et la rapidité de conception, il n'a pas beaucoup de supérieurs en Europe. Ce n'est pas, je le présume, pour le manque de courage; car, en face du danger, il a déployé à un haut degré cette qualité essentielle, et jamais il n'a, comme ses prédécesseurs, reculé devant le péril lorsqu'il fallait l'affronter d'une manière quelconque. Cette année même, dans une terrible épreuve, lors de l'insurrection de Paris (le 6 juin), il a déployé un courage et une présence d'esprit, une confiance en lui-même, et une intrépidité qui auraient fait honneur à Napoléon lui-même, qui, dans une ou deux circonstances, dit-on, perdit l'occasion d'en faire preuve au même degré.

« Le seul mépris que l'on ressente pour lui s'adresse à ses vertus et *non* à ses vices; ce mépris est senti par ceux qui considèrent la rigueur et la cruauté comme inséparables de la grandeur politique ou militaire et regardent la simplicité dans les affaires publiques comme faiblesse et pusillanimité. Qu'il n'ait pas encore satisfait les passions violentes de ses partisans les plus zélés, et que par là il ait un peu amorti leur zèle, cela est très-vrai et doit être déploré; mais certes ce n'est pas un motif pour les hommes justes et impartiaux de déprécier son caractère.

« En voilà assez sur sa conduite publique; si vous le prenez comme homme privé, vous trouverez que comme fils, comme frère, comme époux, comme père, comme maître et comme ami, il est tout à fait irréprochable. Facile, de bonne humeur, d'un bon naturel, plein de sentiments affectueux, il est presque exempt de toute mauvaise passion. On peut dire que l'opinion publique n'a rien à voir dans ses qualités privées; mais, pour sûr, elle ne ferait que rendre stricte justice à la maison d'Orléans, en reconnaissant que si les habitudes dissolues et vicieuses du père sont réputées suffisantes pour accréditer les calomnies les plus atroces sur sa conduite publique et sur sa mémoire, les excellentes qualités que le fils déploie dans la vie privée devraient faire naître une présomption favorable à l'égard des motifs et des principes qui règlent sa vie publique.

« Vassal Holland. »

FIN.

TABLE DES MATIÈRES.

Dédicace. V
Préface. VII

CHAPITRE I.

La cour de France en 1791. — Mirabeau. — Ses talents. — Sa vanité. — Barnave. — D'André. — Le retour de Varennes. — Réunion importante à l'hôtel de Larochefoucault. — Caractère de Lafayette. — Caractère de Louis XVI. — Madame Campan et Marie-Antoinette. — Le duc d'Orléans. — Sa situation à la cour. — Son caractère. — Son retour de Londres. — Sa mort. 1

CHAPITRE II.

Talleyrand et Pitt. — Talleyrand élève de Calonne. — Son séjour en Angleterre. — Mot de Talleyrand sur Mme de Staël. — La cour de Mme Grand à Neuilly. — Calonne et Fouché. — Mort de Calonne. — Son caractère. — Services rendus par lui aux princes émigrés. — L'empereur Léopold. — Formation de la coalition. 26

CHAPITRE III.

Les cours de Danemarck et de Prusse en 1791. — Etat de l'opinion publique dans le nord de l'Europe. — Le roi de Danemarck Christian. — Sa folie. — La maison Christian et compagnie. — Les Bernstorff. — Le prince Henry de Prusse. — Le prince Ferdinand. — Les enfants de Schmettau. — La duchesse d'York. — Le roi de Prusse et les Illuminés. — Influence de l'illuminisme. 57

CHAPITRE IV.

La cour d'Espagne en 1795. — Florida Blanca. — Son caractère. — Cause singulière de sa disgrâce. — La reine d'Espagne. — Charles III et son fils. — D'Aranda. — Débuts de

Godoy. — Chute de d'Aranda. — Guerre avec la France.— M. Cabarrus. — Conclusion de la paix. — Faveur de Godoy. — Le nouveau Janus. — Mariage de Godoy. . 53

CHAPITRE V.

Jovellanos et Saavedra. — Caractère de ces deux ministres.— Jovellanos et la reine d'Espagne. — Déclin de la faveur de Godoy. — Mallo. — Faveur d'Urquijo. — Il est nommé premier ministre. — Son éducation. — Ses projets. — Négociation avec l'électeur de Saxe. — Un prince cuisinier. — Coalition contre Urquijo, sa chute. — Retour de Godoy. — Sa politique vis-à-vis de la France. 69

CHAPITRE VI.

Le prince des Asturies. — Son inimitié contre Godoy. — Le duc de l'Infantado. — La princesse des Asturies. — Sa fin prématurée. — Ferdinand et Napoléon. — Lettre curieuse. — Prétendu complot de Ferdinand. — Son arrestation. — Son entrevue avec le roi. — Sa bassesse. — Arrestation du duc de l'Infantado. — Son exil. — Dénoûment de son procès. 85

CHAPITRE VII.

Intrigues du prince des Asturies. — Habileté de Napoléon. — Murat et Beauharnais. — Abdication d'Aranjuez. — Frayeur du prince de la Paix. — Il est sauvé par Ferdinand. — Ignorance de Godoy. — Géographie d'un ministre des affaires étrangères. — Trait d'humanité de Godoy. — Sa lettre à lord Holland. — Opinion du roi Charles IV sur Napoléon. — Le chevalier d'Azara. — Mot remarquable de ce diplomate. 99

CHAPITRE VIII.

Soulèvement de l'Espagne contre Napoléon.— La *junta chica*. — Situation et projets des partis. — Hommes éminents de l'Espagne. — Arguelles. — Sa mission à Londres. — Ses talents oratoires. — Sa popularité. — Matarrosa. — La Romana. — Blake. — Castanos et le général Dupont. — La Cuesta. — Don Miguel Alava et le duc de Wellington. — —Le Portugal.—Un couple royal.— Le comte Funchal. 113

CHAPITRE IX.

L'empereur François II. — Son caractère. — Le prince Metternich. — L'empereur Alexandre de Russie. — Son éducation. — Son admiration pour Napoléon. — Son rôle en 1814 et 1815. — Son gouvernement. — Sa part dans le meurtre de Paul III. — Pahlen et Woronzoff. — Czartorinsky. — Prétentions d'Alexandre à tout faire. — Sa mort. 128

CHAPITRE X.

Lettres d'Hudson Lowe à lady Holland. — Legs fait par Napoléon à lady Holland. — Rapports de Napoléon avec lord et lady Holland. — Projets des alliés contre Napoléon. — Influence de ces projets sur son départ de l'île d'Elbe. — Conduite du gouvernement anglais envers son prisonnier. — Ridicule et odieuse défiance des autorités anglaises. — Leur adoucissement trop tardif. 147

CHAPITRE XI.

Naissance et éducation de Napoléon. — Son séjour à Brienne. — Son autorité au sein de sa famille. — Son premier écrit. — Ses habitudes d'économie. — Avantages qu'il en retire. — Histoire d'un cordon de sonnette.—A quoi sert de connaître le prix du cidre. — Débuts militaires de Napoléon. — Comment il pourvut à son équipage. — Ses connaissances astrologiques. — Son mariage. — Dureté prétendue de Napoléon. — Le duc d'Enghien. — Motifs de son arrestation. — Etendue et résultats de cette faute. — Justification du duc de Vicence. 162

CHAPITRE XII.

Rupture de la paix d'Amiens. — Conversation avec Gallois.— Situation de la France d'après Napoléon. — Le divorce discuté en conseil. — Les Beauharnais et les Bonaparte. — Avances de l'Autriche. — Crédulité de lord Liverpool. — Position de Napoléon après le traité de Campo-Formio. — Son opinion sur le Directoire. — L'expédition d'Egypte est résolue. — Irritation de l'armée contre les savants. — Les mameluks. — Administration de Napoléon. — Sa politique vis-à-vis des cheiks et des Coptes. — Résultats heureux de cette politique. — Conduite opposée de Kléber. . . 182

CHAPITRE XIII.

Opinions politiques de Napoléon. — Leur contradiction avec ses préférences littéraires. — Rôle des écrivains sous son règne. — Influence de Voltaire. — Geoffroy et Talma. — Jugement de Napoléon sur Rousseau. — Le premier consul à Ermenonville. — Les journaux. — Napoléon et Gallois. — Napoléon, Cromwell et Washington. — Impartialité de l'empereur. — Son amour de la justice. — Sa vigilance. — Attention apportée à la comptabilité. — Précision du savoir de Napoléon. — Ses connaissances nautiques. — Anecdotes. 201

CHAPITRE XIV.

Puissance de travail de Napoléon. — Son désir de tout connaître par lui-même. — Mounier et le bureau des traductions. — Curiosité de Napoléon. — Sa libéralité. — Pauvreté des Jacobins. — Les émigrés et les maréchaux. — Conduite de Napoléon vis-à-vis des princes allemands. — Amusons-nous comme des laquais. — Projets attribués à Napoléon. — Opinion de Talleyrand sur lui. — Goûts artistiques de l'Empereur. — Son écriture et son orthographe. — Ses écrits. — Ses jugements littéraires. — La vérité sur la restauration des Bourbons. 219

CHAPITRE XV.

Napoléon à l'île d'Elbe. — Crédulité de sir Neil Campbell. — Les Cent-Jours. — Embarras de Napoléon. — Sa conversation avec le comte Molé. — Sainte-Hélène. — Arrangements et habitudes de l'empereur dans son exil. — Ses conversations. — Ses lectures. — Les pruneaux de Mme Holland. — Maladie de Napoléon. — Ses opinions religieuses difficiles à connaître. — Anecdote du sacre — Instructions données à M. de Montholon. — Jugement porté par Talleyrand sur l'ensemble de la vie de Napoléon. — Fautes de ce grand homme. — Conclusion. 257

Appendice. 255

Paris. — Imprimerie de Pommeret et Moreau, 17, quai des Augustins.

www.ingramcontent.com/pod-product-compliance
Lightning Source LLC
Chambersburg PA
CBHW071418150426
43191CB00008B/957